日本で楽しむ「世界の絶景」

日本絶景研究会

PHP文庫

Q どっちが世界？ どっちが日本？

ここで取り上げたマチュピチュ、ウユニ塩湖、ギアナ高地の写真は、実はどちらかが海外にある本物の絶景で、もう一方が日本の絶景です。皆さんはどっちが本物か、わかりますか？

（答えは5ページにあります）

❶ どっちがマチュピチュ？　どっちが竹田城跡？

❷ どっちがウユニ塩湖？　どっちが江川海岸？

❸ どっちがギアナ高地？　どっちが荒船山？

はじめに

東京湾では数少ない、自然の干潟《ひがた》を利用した潮干狩《しおひが》り場として有名な、千葉県木更津《きさらづ》市にある「江川《えがわ》海岸」。しかし、この地名が世の中に広く知られるようになったのには、実はもう一つ理由があります。

それは、ここでは「日本のウユニ塩湖」と呼ばれるほどの美しい景色を観ることができ、いつしか〝死ぬまでに見たい絶景ナンバーワン〟と称されるようになったからです。

遠浅《とおあさ》の海岸に沖合までたくさんの電柱が並び、凪《な》いだ海面にそれらが反転して映し出される光景は、日本から見て地球のほぼ反対側、南米のボリビアにあるウユニ塩湖に確かによく似ています。

また、兵庫県朝来《あさご》市の「竹田城跡《たけだじょうせき》」は、晩秋のよく晴れた早朝に発生する雲海に包まれたその神秘的な姿から「日本のマチュピチュ」と冠《かん》されて、多くの人びとを魅了し続けています。標高三五三メートルの山上に遺《のこ》る竹田城跡は、まさに「天空の城」と呼ぶべき神秘性に満ち、平成二十四（二〇一二）年には「恋人の聖地」にも認定されて、現在では若いカップルも多く訪れています。

本書では、江川海岸や竹田城跡のような、日本で楽しむことができる世界の絶景を数多く集めて紹介しています。

詳しく調べてみると、「日本のグランドキャニオン」「日本のエアーズロック」「日本のナイアガラの滝」「日本のギアナ高地」といった自然の造形物のほか、「日本のマヤ遺跡」「日本のモン・サン・ミシェル」「日本のナスカの地上絵」「日本のストーンヘンジ」と称される遺跡など、美しく、また、多くの謎に満ちた場所が全国各地に点在することがわかりました（なお、本書で用いている「日本の○○」という呼称は、メディア、自治体、本、雑誌などで実際に呼ばれたことがあるものを取り上げています〈一部を除く〉）。

実際の海外の観光地を訪れるのももちろんよいのですが、わたしたちが住んでいるこの日本にも、人を惹《ひ》き付けるに十分な、魅力的な場所はたくさんあります。そして、皆さんが来るのをいまかいまかと待ち受けているのです。

本書が、日本を再発見するきっかけの一つになれば幸いです。

日本絶景研究会

（P2～P3の答え：①左がマチュピチュ、②右がウユニ塩湖、③左がギアナ高地）

『日本で楽しむ「世界の絶景」』◎目次

荒船山

Part 2　一度は必ず行ってみたい！ 貴重な「遺跡・建造物・街道」

サンメッセ日南の「モアイ」

Part 1

日本にもあった!!
素晴らしい「自然・地形・都市」

日本の

ウユニ塩湖

江《え》川《がわ》海《かい》岸《がん》

（千葉県木更津市）

ウユニ塩湖（Salar de Uyuni）

南米のボリビア西部にある広大な塩原《えんげん》。アンデス山脈中の標高約3700mに位置し、南北100km、東西250kmにわたって広がる。「天空の鏡」と称されるその風景は「死ぬまでに見たい絶景」の第1位に選ばれることも多いが、日本からラパスまで21～27時間（＋乗継時間）、陸路の場合、ラパスから現地まで10時間以上もかかるなど、過酷な旅となる。なお、高山病にも注意が必要。

水面に電柱の影が逆さに映り込み、独特な景観を形作る江川海岸。

江川海岸

JR「巌根駅」からタクシーで約6分。

雨期になると、ウユニ塩湖の地面は水を張った湖のようになり、空を映した鏡のような幻想的な姿を見せる。

東京湾に起こる奇跡!!　絶景の「天空の鏡」

潮が満ち、風が凪《な》いでいる朝夕、東京湾東部に位置し、潮干狩りで有名な江川海岸には、「天空の鏡」と形容される幻想的な光景が現れます。

しかも、この海岸には沖合まで延々と電柱が立ち並び、それらが海面に映し出されることによって、さらなる奇観が演出されることになるのです。

江川海岸が南米・ボリビアの西部にあるウユニ塩湖にたとえられて多くの人びとを惹《ひ》きつけているのは、このことによります。

沖合まで続く電柱が江川海岸にたくさん立てられているのは、沖合にアサリの密漁を監視する場所があり、そこに電気を送るため。

しかし、いまではその監視所が使われていないことから、今後電柱が撤去される可能性もあり得ます。そういう意味では、現在見られる奇観は、いまだけの貴重なものなのかもしれません。

なお、立入禁止区域には入らないよう注意してください。電柱の周辺には深い水路が掘られており、溺《おぼ》れる可能性が高いのです。海岸沿いから、海面同様、穏やかな気持ちで「湖面」を眺《なが》めたいものです。

日本の

グランドキャニオン★

▼

寝《ね》覚《ざめ》の床《とこ》
（長野県上松町）

グランドキャニオン(Grand Canyon)

アメリカ南西部、アリゾナ州の北西部にある大峡谷。コロラド川がコロラド高原を刻んでできた峡谷で、多くの段丘を持つ絶壁が連なり、全長は約450km。谷の平均の深さは1600mともいわれる。峡谷の南部に広がるサウスリムにはビューポイントがいくつもあるが、そこからの谷底の眺めに観光客は皆息を呑む。マーサ・ポイントから見る日の出は観光のメインイベントの一つ。

寝覚の床は大正12（1923）年に国の名勝に指定された。

何億年もかけて形成された地層が地殻変動によって隆起し、約4000万年前から川、雨、雪などによって浸食されることでできたグランドキャニオン。

寝覚の床がある周辺は、現在では県立公園特別地域に指定されている。

寝覚の床

JR「上松駅」からバスで約5分。

花崗岩が浸食されてできた木曾路の奇勝

エメラルド色の木曾川と白々とした奇岩が絶妙なコントラストを成している木曾八景の一つ、「寝覚の床《ねざめのとこ》」。かつて満々とした水をたたえていた木曾川が花崗岩《かこうがん》を削り取ったことなどにより、花崗岩が独特な割れ方をし、現在見られるような箱型の岩が林立する景色となりました。年間を通して周囲は美しい風景に包まれます。

「寝覚の床」という不思議な地名は、浦島太郎の伝説に由来するとされます。

竜宮城での夢のような毎日から現実の世界へ舞い戻り、諸国漫遊の旅に出た浦島太郎は、木曾川のほとりの風景を気に入り、住み着きました。あるとき、竜宮城から玉手箱を持ち帰ったことを思い出し、箱を開けると、紫煙《しえん》が立ち上り、太郎はたちまち三百歳の翁《おきな》の姿に。つまり、太郎にとってこの地で送った日々は夢であり、そこから目が覚めたかのように思われたので、同地に「寝覚」の名がつけられたそうです。「床」は奇岩の上部が平らで床のようになっていることからの命名でしょう。

そういえば、本家のグランドキャニオンも、スペイン人の探検家が伝説の黄金都市「シボラ」を追い求める過程で再発見された場所。奇勝《きしょう》には、伝説が生まれやすい神秘性が潜《ひそ》んでいるのかもしれません。

日本の

エアーズロック

古《こ》座《ざ》川《がわ》の一《いち》枚《まい》岩《いわ》

（和歌山県古座川町）

エアーズロック（Ayers Rock）

オーストラリアの中央部にそびえる世界最大級の一枚岩。標高は868m（比高335m）、周囲は約9.4km。エアーズロックという名前は、イギリスの植民地時代に総督であったヘンリー・エアーズにちなみ、1985年に周辺の公園とともにアボリジニ（オーストラリアの先住民）に返還されたあとはウルルと呼ばれている。日の出から日没まで、太陽の移動にともなって色合いが変化する山肌が神秘的で美しい。

一枚岩の周辺では四季折々に咲く花を眺めることができ、夏にはキャンプ地にもなる。

古座川の一枚岩

JR「古座駅」からバスで約30分。

335mという比高（周囲の平坦面からの高さ）は、東京タワーをも凌《しの》ぐ。「ウルル」とはアボリジニの言葉で「偉大な石」の意味。

なぜ「古座川の一枚岩」は巨岩のままなのか?

大塔山《おおとうざん》の南東麓に源を持ち、南へ流れる清流・古座川《こざがわ》。その左岸に、高さ約一五〇メートル、幅約八〇〇メートルにわたってそびえ立つのが「古座川の一枚岩《いちまいいわ》」。この巨岩は国の天然記念物に指定されているものの、本家のエアーズロックのような固有の名前は持ち合わせておらず、登録名も「古座川の一枚岩」のままです。

この巨岩は流紋岩質凝灰岩《りゅうもんがんしつぎょうかいがん》というとても硬い岩でできているため、均質で節理《せつり》(岩石の割れ目)がありません。また、風化や浸食にもよく耐えたことから、川縁《かわぶち》から空へと一気にそそり立つ重厚な姿となりました。

一般的にこのような大きな岩は、節理や風化などによってその形を維持することが難しく、巨大なままの姿を残すことは極めて珍しいとされています。古座川の対岸からその姿を眺めると、まるで岩がせまってくるかのように見えます。本家と比べると規模こそ小さいですが、近くで眺めれば圧倒されるに違いありません。

なお、古座川周辺はマグマが噴出してできた古座川弧状岩脈《こじょうがんみゃく》の一部であるため、奇岩も多く、風雨に浸食された無数の穴を持つ「虫喰岩《むしくいいわ》」や、すっくと空に伸びる「天柱岩《てんちゅうがん》」、牡丹《ぼたん》の花のような大小の穴のある「牡丹岩《ぼたんいわ》」などが存在しています。

日本の

ナイアガラの滝

原《はら》尻《じり》の滝《たき》
（大分県豊後大野市）

ナイアガラの滝(Niagara Falls)

アメリカとカナダとの国境に位置する巨大な滝。ナイアガラ川にあり、川中島のゴート島（アメリカ領）によってカナダ滝（高さ52m、幅675m）とアメリカ滝（高さ55m、幅320m）とに分かれるが、世界でもまれな壮大さを体験するために、毎年1500万人の観光客が訪れている。カナダ側のクイーン・ビクトリア公園からの眺めがとくに美しいともいわれている。

滝の上には沈下橋が築かれており、水量が多くなければ渡ることができる。

ナイアガラの滝のうちの「カナダ滝」。ナイアガラの滝は、イグアスの滝（アルゼンチン・ブラジル）、ヴィクトリアの滝（ジンバブエ・ザンビア）とならび、世界三大瀑布《ばくふ》の一つに数えられている。

滝の上では「ポットホール（鷗穴《おうけつ》）」などの浸食地形を確認することもできる。

原尻の滝

JR「緒方駅」からバスで約10分。

阿蘇山の大噴火によってできたアジア一の名瀑

緒方川《おがたがわ》を中心に開けた緒方平野に突然現れる平地性の滝が「原尻の滝《はらじりのたき》」です。高さ二〇メートル、幅一二〇メートルの壮大な滝は、「東洋のナイアガラ」「日本のナイアガラ」との呼び名を持つ通り、美しい孤を描いて雄大に流れています。

原尻の滝は「日本の滝百選」や「大分県百景」に選ばれている名瀑《めいばく》で、九万年前の阿蘇山《あそさん》の大噴火の際に流れた大火砕流《かさいりゅう》が固まったことによってできました。滝の上にあるむきだしの岩には無数のひび割れが見られますが、この柱状節理《ちゅうじょうせつり》こそ原尻の滝が火砕流によってつくられたものである証拠といえます。

滝を鑑賞するときにもっともよいのは、下流側にある吊り橋「滝見橋」から眺めること。ゴーゴーという滝の流れ落ちる音が、自然がもたらす畏怖《いふ》を感じさせてくれます。簡単に滝の落ち口まで近寄ることもでき、また、八月にはボートクルーズも出ており、滝の裏側まで行くことが可能。季節や訪問日前日の天候などによって水量が異なるため、何度訪れても違った顔を見せてくれることでしょう。なお、同市内には「沈堕の滝《ちんだのたき》」という原尻の滝と似た滝もあります。こちらも高さ二〇メートル、幅一〇〇メートル（雄滝）と圧巻。あわせて訪れてみてください。

日本の

カッパドキア

▼

浄《じょう》土《ど》松《まつ》公《こう》園《えん》の「きのこ岩《いわ》」

（福島県郡山市）

カッパドキア(Cappadocia)

小アジア東部地方（現在のトルコ領）の古代地名（時代によって地域は不定）。６世紀から13世紀頃にかけて築かれたキリスト教の岩窟教会があちこちにあり、また、長い年月をかけて浸食され風化した奇岩群が「きのこ岩」と称されて多くの観光客を呼び寄せている。1985年、「ギョレメ国立公園とカッパドキアの岩窟群」という名称でユネスコの世界遺産（複合遺産）に登録された。

浄土松公園のきのこ岩には凝灰岩も含まれているが、それは本家も同じ。

カッパドキアの観光スポットとしては、30あまりの岩窟教会を博物館にしたギョレメ野外博物館、地下都市カイマクルなどが有名。

浄土松公園の散策時間の目安は約1時間。時間に余裕を持って訪れたい。

浄土松公園の「きのこ岩」

JR「郡山駅」からバスで約35分、「多田野」バス停下車、徒歩で約10分。

まるでトルコ旅行に来たかのような不思議な空間

松の緑が点在することから、日本三景の松島（宮城県松島町）になぞらえて「陸の松島」と呼ばれているのが福島県郡山市《こおりやまし》の「浄土松《じょうどまつ》」です。

そして、現在は浄土松公園として整備されているこの地の南西に、何やら奇妙な形をした岩が林立しています。それが、「日本のカッパドキア」「福島のカッパドキア」などと称されている「きのこ岩」です。

なぜ山の麓《ふもと》にこのような不思議な岩があるのかというと、断層によって分断されてしまった地層が風化・浸食されたため。また、きのこの傘にあたる部分よりも茎の部分の方が浸食に弱いため、このような人目を引く形になったとされます。

本家であるトルコのカッパドキアのきのこ岩の大きさとは比較になりませんが、それでも間近に見てみるとその不思議な形に心を奪われることは間違いありません。まるでトルコ旅行に行ったかのように感じる人もいることでしょう。

ただし、きのこ岩は平成二十三（二〇一一）年の東日本大震災の影響を受け、一部が崩れたりなどして立ち入りを制限している箇所があります。現地を訪れる際は、岩石の崩落に十分お気をつけください。

日本の

ギアナ高地

荒《あら》船《ふね》山《やま》

（群馬県下仁田町・長野県佐久市）

ギアナ高地（Guiana Highlands）

南アメリカ大陸の北東部に広がる高地。ベネズエラ南東部、ブラジル北部、ガイアナ、スリナム、フランス領ギアナにまたがる。西部には、頂上が平らなテーブル状になった峰が多くあり、そのような形の山は「テーブルマウンテン」と呼ばれている。世界最大の落差（979m）を持つ滝「エンジェルフォール」を遊覧飛行で眺めるのが同地を訪れるツアーのハイライト。

緑深い木々の上に雄大な姿を見せる荒船山。獲物を飲み込むクジラにもたとえられる。

ロライマ山（写真）やエンジェルフォールを含む「カナイマ国立公園」は1994年に世界遺産（自然遺産）に登録されている。

荒船山

（荒船不動尊まで）JR「中込駅」からバスで約30分、「初谷」バス停下車、徒歩で約50分。

群馬・長野の県境にそびえる「テーブルマウンテン」

群馬県南西部と長野県との県境にある火山が荒船山《あらふねやま》（標高一四二三メートル）です。山頂は平坦な台地となっていますが、これは第三紀層の上を覆った火山の噴出物が浸食され、玄武岩《げんぶがん》質の硬い部分だけが残ったことによるもの。平らな部分が南北一・四キロ、東西四〇〇メートルにもわたって広がることから、荒船山一帯を「日本のギアナ高地」、また、荒船山を「日本のテーブルマウンテン」と称することもできそうです。

なお、荒船山という地名は、平坦な山の上部と北端の大岸壁「艫岩《ともいわ》」（約一七〇メートル）を持つこの山が、荒れた海を行く船に見立てられたことによるものとされます。確かに、荒船山の周囲は山深く、大海原をイメージさせるに十分です。

荒船山は登山・ハイキングコースとしても知られ、内山峠から艫岩展望台を経て最高地点の経塚山《きょうづかやま》をめざすルートや、荒船不動尊《あらふねふどうそん》から星尾峠を通り、経塚山、艫岩展望台まで至るルートがあります。

登山口の一つである荒船不動尊は別名「荒船出世《しゅっせ》不動尊」とも呼ばれ、弘法大《こうぼうだい》師空海《しくうかい》が制作したと伝わる不動明王《ふどうみょうおう》が祭られています。

日本の

ガラパゴス諸島

小《お》笠《がさ》原《わら》諸《しよ》島《とう》

（東京都小笠原村）

ガラパゴス諸島 (Galapagos Islands)

南米大陸から西へ約1000kmの太平洋上にある島群（エクアドル領）。イサベラ島、サンタクルス島など13の大きな島と多数の小島、岩から成る。ガラパゴスゾウガメやガラパゴスリクイグアナなどの固有種が多く棲み、クルーズ船での観光が人気。エクアドルの首都・キトから諸島の玄関口・バルトラ島へは飛行機で約３時間15分。そこからサンタクルス島まではボートで行く。

父島の中山峠からの眺め。湾内の海の色はまさに「ボニンブルー」。

小笠原諸島

（父島まで）東京（竹芝客船ターミナル）から定期船「おがさわら丸」（通常は約6日に1便）で約24時間。

母島の乳房山から見た南部の風景。小笠原諸島は4800万年前からの火山活動によって誕生した。

小笠原諸島周辺の海では、ハシナガイルカをはじめ、多くの種類のイルカを観察することができる。

ガラパゴス諸島ではペンギン、イグアナ、ゾウガメなどの動物が独自の進化を遂げ、現在まで生息している。

深い「ボニンブルー」の海に囲まれた海洋島

　世界には、ガラパゴス諸島やアルダブラ環礁《かんしょう》（セイシェル）など、大陸と陸続きになったことがない「海洋島」がたくさん存在していますが、小笠原諸島もその一つ。同諸島は小さな島々などから構成されていますが、ここでしか見ることのできない固有の動植物が数多く生息していることなどから「東洋のガラパゴス諸島」と呼ばれています。父島《ちちじま》までは、東京の竹芝桟橋から定期船「おがさわら丸」に乗り、約二十四時間かかります（船は約六日に一便しかない）。父島から母島《ははじま》までは、さらに「ははじま丸」で約二時間の航海です。

　島を代表する生き物には、海の生物ではザトウクジラ、イルカ、アオウミガメなど、陸の生物ではメグロ、オガサワラオオコウモリ、シマアカネなどがおり、ワダンノキ、タコノキ、ムニンヒメツバキなどの草木も小笠原諸島の固有種として知られています。ちなみに、小笠原諸島の固有種に「ムニン」とついているのは、同諸島が江戸時代までは無人島だったことから英語で「Bonin（＝「無人」の外国人なまり）」と呼ばれていたことと無縁ではありません。同諸島周辺で目にすることのできる深い青色をした海の色は「ボニンブルー」と称されています。

日本の

ニース

真《まな》鶴《づる》

（神奈川県真鶴町）

ニース（Nice）

フランス南東部にある、地中海に臨む都市。コートダジュール海岸に面し、モナコ、カンヌなどとともに国際的な観光保養地としてその名が知られる。もっとも有名な年中行事は「ニースのカーニバル」で、1873年の創始と伝えられている。地中海に面した温暖な気候は多くの日本人を惹きつけ、ビーチやショッピングを楽しんだり、美術館でシャガールやマティスなどの絵を鑑賞する人が多い。

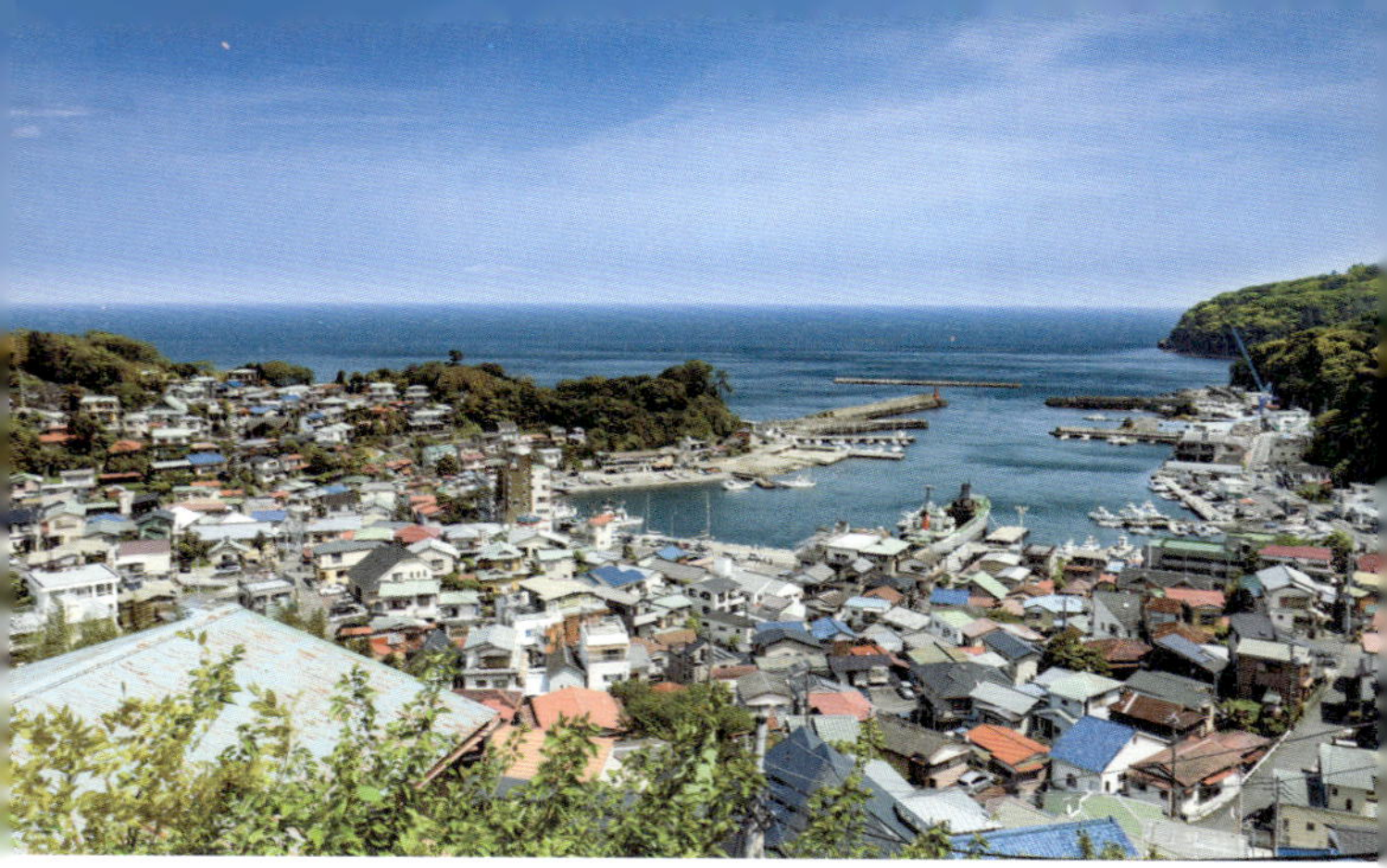

真鶴の南東にある真鶴ベイマリーナ（右）周辺の風景。マリーナの裏手には貴船神社が建っている。

ニースの海岸線と街並み。古代名は「ニカイア」といい、ギリシャ人の植民都市として建設された。

真鶴

（JR「真鶴駅」まで）JR「横浜駅」から電車で約70分。

真鶴港の夜明け。南部の
海岸沿いはどこも初日の
出の撮影スポット。

真鶴を愛し、同地で没した洋画家・三宅克己

神奈川県の南西端、相模湾《さがみわん》に突き出した小半島から成っているのが真鶴町《まなづるまち》です。面積は七・〇五平方キロと、神奈川県内では二番目に小さな町ですが、日差しがよくあたり、冬でも暖かい風を運んでくれる相模湾に囲まれていることもあって、一年を通して温暖な気候に恵まれています。

ここ真鶴の地を愛した人の一人が、洋画家・三宅克己《みやけこっき》です。日本の水彩画の第一人者とも称される三宅は、若かりし頃、アメリカやヨーロッパへ何度も渡航を繰り返し、自身の技を磨いてきました。そして彼は、南仏のニースに似ているということから真鶴を大変気に入り、晩年を同地で過ごしました。

伝えられるところによると、起伏に富んだ真鶴の風景は地中海の景勝地にも勝るということで、三宅は真鶴を「東洋のリヴィエラ」と呼んで称《たた》えていたそうです（リヴィエラとは、イタリア北西部の地中海に面する海岸を指し、広くはフランスのコートダジュールまでが含まれる）。

そのため、三宅の代表的なシリーズの一つは真鶴で、彼が昭和二十九（一九五四）年に永眠したのも真鶴にある自宅においてでした（享年八十）。

日本のスイス

白馬《はくば》
（長野県白馬村）

於保知盆地《おおちぼんち》
（島根県邑南町）

諏訪《すわ》
（長野県諏訪市）

白川郷《しらかわごう》
（岐阜県白川村）

スイス（Switzerland）

ドイツ、オーストリア、リヒテンシュタイン、フランス、イタリアに囲まれた、中央ヨーロッパの国。夏から秋にかけての季節が旅のベストシーズンとされ、アルプス山脈第２の高峰であるモンテローザ、レマン湖畔に築かれたシヨン城、『アルプスの少女ハイジ』の舞台とされるマイエンフェルトなどが人気の観光スポット。ドイツやイタリアとともに旅するのもおすすめ。

白馬の山々。豪雪地で、かつては交通が不便な村であった。

白馬

(JR「白馬駅」まで)JR「新宿駅」・JR「名古屋駅」から特急で約2時間30分(〜3時間)、JR「松本駅」着。そこから特急で約1時間。

春夏秋冬楽しむことができる「日本のスイス」の代表【白馬】

周囲を山に囲まれているものの、冬も観光ができて、雪景色が特に素晴らしい場所は「日本のスイス」と形容されることがあります。調べてみると、「日本のスイス」と称えられる土地は全国各地に点在していることがわかりますが、その筆頭といえるのが白馬《はくば》（村）です。

白馬は長野県の北西部、北安曇郡《きたあづみぐん》にある村で、北アルプスの後立山連峰《うしろたてやまれんぽう》の主峰である白馬岳の東麓に広がっています。白馬の自然は四季折々で異なった表情を見せ、春は里山が眩《まぶ》しいほどの新緑に包まれ、夏は深緑の色に染まった山に高山植物の花々が咲き誇る季節。村は本格的な登山シーズンを迎えて活気づき、カヌー、ラフティングなどのアウトドアスポーツも楽しむことができます。

秋は新そばが美味しい季節で、九月下旬からひと月あまり続く紅葉を愛《め》でるのも秋の白馬の楽しみ方の一つです。そして冬、白馬には五つのスキー場があり、国内最大級の規模を持つ白馬八方尾根スキー場、戸隠連峰《とがくしれんぽう》や白馬村全体を望むことができる白馬岩岳《いわたけ》スノーフィールド、コースの約八割が初心者・中級者向けのゲレンデになっているという白馬さのさかスキー場など、用途に合わせてスキー場を選ぶことができます。

なお、白馬の北東端、標高約七六〇メートルの山腹にある「青鬼《あおに》集落」は、重要伝統的建造物保存地区に指定されている場所で、ひっそりと落ち着いた、懐古的な空間が広がっています。

石州瓦の赤い屋根と山々の緑が調和した美しい眺望【於保知盆地】

島根県の中部に位置する邑南町《おおなんちょう》。この町は平成十六（二〇〇四）年十月に羽須美村《はすみむら》、瑞穂町《みずほちょう》、石見町《いわみちょう》の三町村が合併したことによって新たに生まれた町です。

古くからこの三町村の地域全体を表す名称として「邑南」という地名が用いられていたことから、現在の町名になりました。人口が一万一〇〇〇人余（平成二十九年十二月三十一日現在）という小さな町にもかかわらず、ここが「日本のスイス」と称されることがあるのは、於保知盆地《おおちぼんち》展望台からの眺めによります。

於保知盆地は町の西部にあり、展望台から眼下を見てみると、周囲の山々に囲まれた豊かな田園地帯を望むことができます。邑南町は中国山地の高原の町であることも、本家のスイスと似た景観を持つ理由の一つといえるでしょう。

於保知盆地（邑南町）をすっぽりと覆っている雲海。

於保知盆地

（於保知盆地展望台まで）車で瑞穂ICから約15分。

また、於保知盆地展望台から眺めたときに田園とともに目にすることができる、こんもりとした緑の山々は「鉄穴残丘《かんなざんきゅう》」と呼ばれるもので、「鉄穴流し」によってつくられた人工的な地形です。「鉄穴流し」とは、山を崩してできた土砂を水で流すことによって、砂鉄《さてつ》を水洗分離する方法です。砂鉄と砂の重さの違いを利用することで、良質な砂鉄を採取することができるようになりました。

邑南町の於保知盆地の景観には、出雲国《いずものくに》で栄えた鉄づくりの長い歴史が隠されているといえるでしょう。なお、春か秋、昼夜の気温差が大きい日の早朝など、条件がそろえば、於保知盆地を覆う美しい雲海が見られることもあります。

山と湖を擁し、長い歴史もある「東洋のスイス」【諏訪】

長野県南信地方にある諏訪《すわ》（市）は、精密機械工業が盛んで、山と湖がおりなす風景が美しいことから「東洋のスイス」と称されています。

レンゲツツジ、ニッコウキスゲ、マツムシソウなどの高山植物が緑の草原を鮮やかに染め上げている霧ケ峰高原《きりがみねこうげん》、信州一の大きさを誇る諏訪盆地のシンボル・諏訪湖、「お諏訪様」と呼ばれて多くの人びとに親しまれている諏訪神社の総本社・諏訪大社《たいしゃ》など、見どころは満載。東京や名古屋から車で二時間半ほどの距離にあるのも、諏訪に多くの観光客が訪れる理由になっているようです。

諏訪大社は、上社《かみしゃ》と下社《しもしゃ》にわかれており、上社が本宮《ほんみや》（諏訪市）、前宮《まえみや》（茅野《ちの》市）、下社が秋宮《あきみや》、春宮《はるみや》（ともに下諏訪町）にあるというように、二社四宮から構成されるという全国的にも珍しい神社です。

また、諏訪大社の氏子《うじこ》の祭りである「御柱祭《おんばしらまつり》」は、二〇万人以上の諏訪の人びとによって行なわれる盛大で壮大なもの。山から切り出された直径約一メートル、長さ約一七メートル（重さは約一二トン）にもなる巨木を急斜面から落とす「木落《きおと》し」は祭りのクライマックスとして全国的に知られています。

その他、「諏訪の浮城《うきしろ》」の異名を持つ高島城《たかしまじょう》、霧ヶ峰高原の北西部に広がる八島《やしま》湿原《しつげん》、十七世紀半ばに地元の石工《いしく》の手によって築かれたという「万治《まんじ》の石仏《せきぶつ》」など、観光スポットはまだまだあります。

ドイツの建築家・タウトが絶賛した合掌造り【白川郷】

「白川郷《しらかわごう》・五箇山《ごかやま》の合掌造《がっしょうづく》り集落」という名称でユネスコの世界遺産（文化）に

諏訪

（JR「上諏訪駅」まで）JR「長野駅」から特急で約50分、JR「塩尻駅」着。そこから電車で約20分。

諏訪湖と富士山。山と湖がある風景がスイスにたとえられている。

２つの山頂（東側が4527m、西側が4480m）を持つスイス・イタリア国境の山・リスカムの氷河。

白川郷の合掌造りの家々。屋根裏は養蚕の作業場として使われていた。

白川郷

JR「名古屋駅」からバスで約２時間50分、JR「高山駅」からバスで約50分。

登録されている白川郷も、「日本のスイス」と呼ばれて久しい場所です。

はじめにここをスイスにたとえたのはドイツの建築家ブルーノ・タウトで、彼は自著『日本美の再発見』のなかで、白川郷や五箇山に建つ合掌造りについて「その構造が合理的であり論理的であるという点においては、日本全国を通じてまったく独特の存在である」と述べるとともに、こうも語っています。

「この風景は、日本的ではない。少なくとも私がこれまで一度も見たことのない景色。これはむしろスイスか、さもなければスイスの幻想だ」

このようにタウトが合掌造りのある景色を絶賛したことにより、白川郷はスイスに比肩《ひけん》されることになったのです。

合掌造りで築かれた民家は、叉首《さす》構造や茅葺《かやぶき》であることは他の日本の伝統的な民家と同じですが、合掌造りでは屋根が切妻《きりづま》造りとなっていることが異なる点です。このような姿の民家は白川郷と五箇山地方のみに存在しているもので、もっとも多く建っていたとされる明治時代であっても約一八五〇棟しかなかったと伝えられています。

また、合掌造りのある土地に特徴的なのは、それらの周りに豊かな農地が多いということ。合掌造りのある荻町《おぎまち》、相倉《あいのくら》、菅沼《すがぬま》の各地域では、周囲を山が囲み、日本人の記憶に深く刻まれている田園風景が広がっています。

日本の

ナポリ

▼

熱海《あたみ》

（静岡県熱海市）

赤穂《あこう》

（兵庫県赤穂市）

ナポリ（Napoli）

イタリア南部、ティレニア海に臨む港湾都市。風光明媚《ふうこうめいび》な土地として知られ、「ナポリ歴史地区」としてユネスコの世界遺産（文化）にも登録されている。ナポリ湾一帯の眺めは特に景観が美しく、「ナポリを見てから死ね」といわれるほど。サンタキアラ教会、国立考古学博物館、ガレリア・ウンベルト１世（ショッピングモール）など、見どころも満載。

熱海の夜景。熱海温泉の由来は奈良時代にまでさかのぼるとされる。

熱海

(JR「熱海駅」まで)JR「東京駅」から新幹線(ひかり)で約35分。JR「大阪駅」から新幹線(同)で約2時間15分。

ナポリ湾とベスビオ火山(1281m)。その山容の美しさから、古くからナポリの風景には欠かせない山となっている。

山が海際までせまり、夜景も美しい温泉リゾート【熱海】

西の別府《べっぷ》と並び、日本を代表する温泉街として知られる熱海《あたみ》（市）。伊豆《いず》半島の付け根に位置し、北、西、南の三方を多賀《たが》火山の外輪山《がいりんざん》に囲まれ、東は急斜面となって相模湾に面しています。特に、温泉街として賑わいを見せている海沿いは、山の裾野《すその》にたくさんの建物がひしめいている町並みなどから、「東洋のナポリ」や「東洋のモナコ」などと呼ばれています。

熱海市は、フランス国境やモナコに近い、北イタリアのサンレモ市と姉妹都市提携を結んでいます。サンレモはイタリアン・リヴィエラ海岸にある美しいリゾート地で、昭和四十八（一九七三）年頃、当時のサンレモ市の観光局の重役が日本を訪問した際、熱海の景色がサンレモにとてもよく似ていると述べたことから、その後ほどなくして姉妹都市となりました。

熱海港にほど近い場所にあるサンレモ公園はこの提携を記念して築かれた公園ですが、これらを考えると熱海は「日本のサンレモ」とも呼ぶことができそうです。

熱海観光の目玉といえば、昭和二十七（一九五二）年からはじまった歴史ある「熱海海上花火大会」。この花火大会は夏だけではなく、年間を通して一〇回以上も行なわれているもので、多くの観光客が熱海を訪れる理由の一つになっています。

先述のように、熱海は三方を山に囲まれていることから、花火が打ち上がったあとの音はあちこちで反響し、優れた音響効果を発揮します。花火大会のフィナーレを飾る大空中ナイアガラは、一生に一度は観てみたいと思っている人も少なくないでしょう。その他、日本初となる浜辺のライトアップが幻想的なサンビーチや、高速船「イル ド バカンス3世号」での初島《はつしま》への船旅、そして熱海港や網代《あじろ》港で水揚げされた新鮮な魚介類など、思い思いに楽しむことができます。

なお、熱海の海岸一帯は、静岡県の「コースタルリゾート計画」にもとづき、三十年ほど前からナポリ港、エーゲ海など地中海風のコンセプトで整備され続けています。これから数年ののちには、そこがエーゲ海をイメージする場所に生まれ変わります。熱海のナポリ化は、ますます進みそうです。

瀬戸内海を一望できる御崎からの絶景【赤穂】

熱海とともに「日本のナポリ」と称されているのが、兵庫県の南西端、播磨灘《はりまなだ》に臨む赤穂《あこう》（市）です。赤穂城跡、花岳寺《かがくじ》、赤穂大石神社、大石良雄宅跡《おおいしよしおたくあと》長屋門な

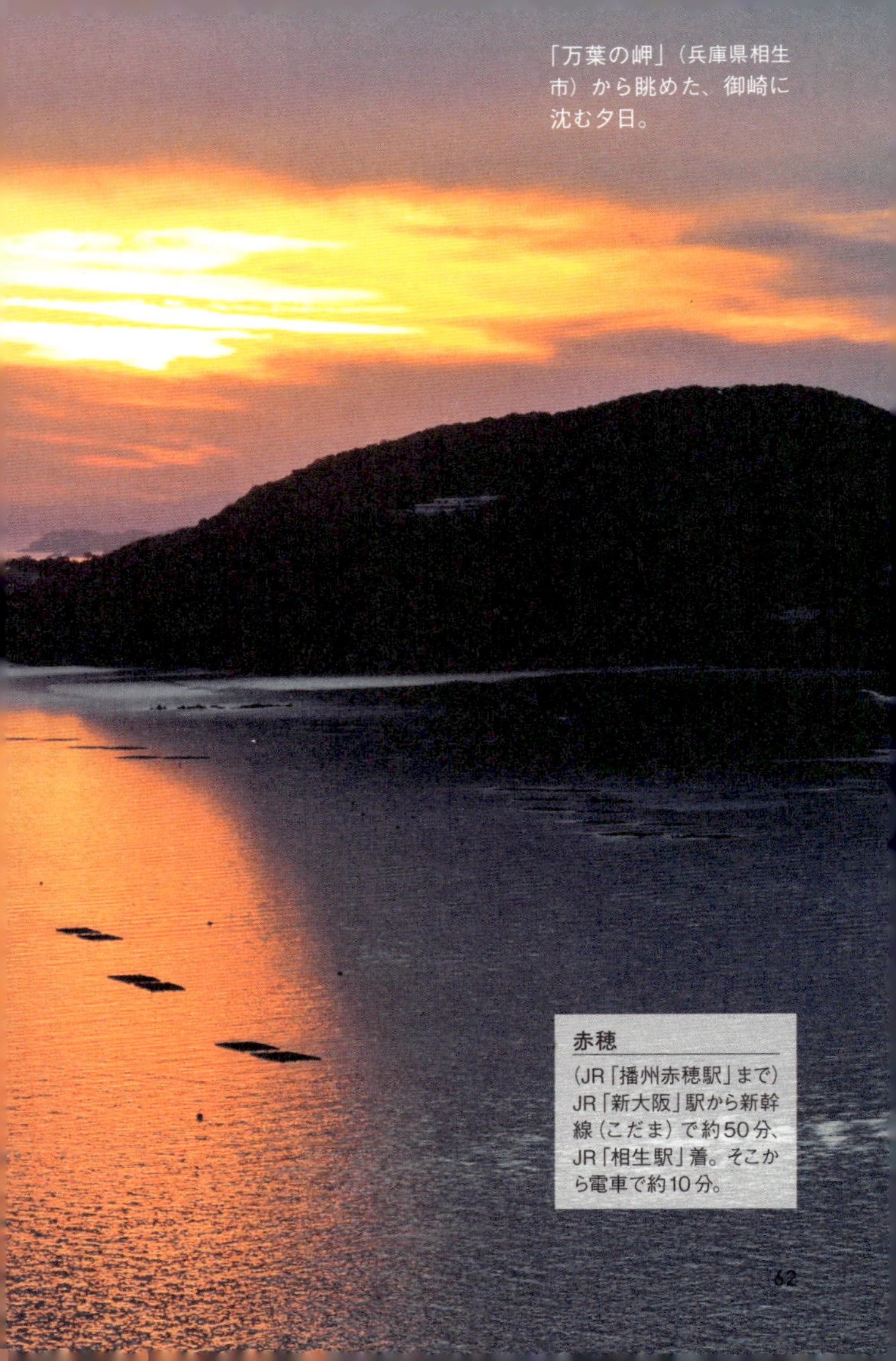

「万葉の岬」（兵庫県相生市）から眺めた、御崎に沈む夕日。

赤穂

（JR「播州赤穂駅」まで）
JR「新大阪」駅から新幹線（こだま）で約50分、JR「相生駅」着。そこから電車で約10分。

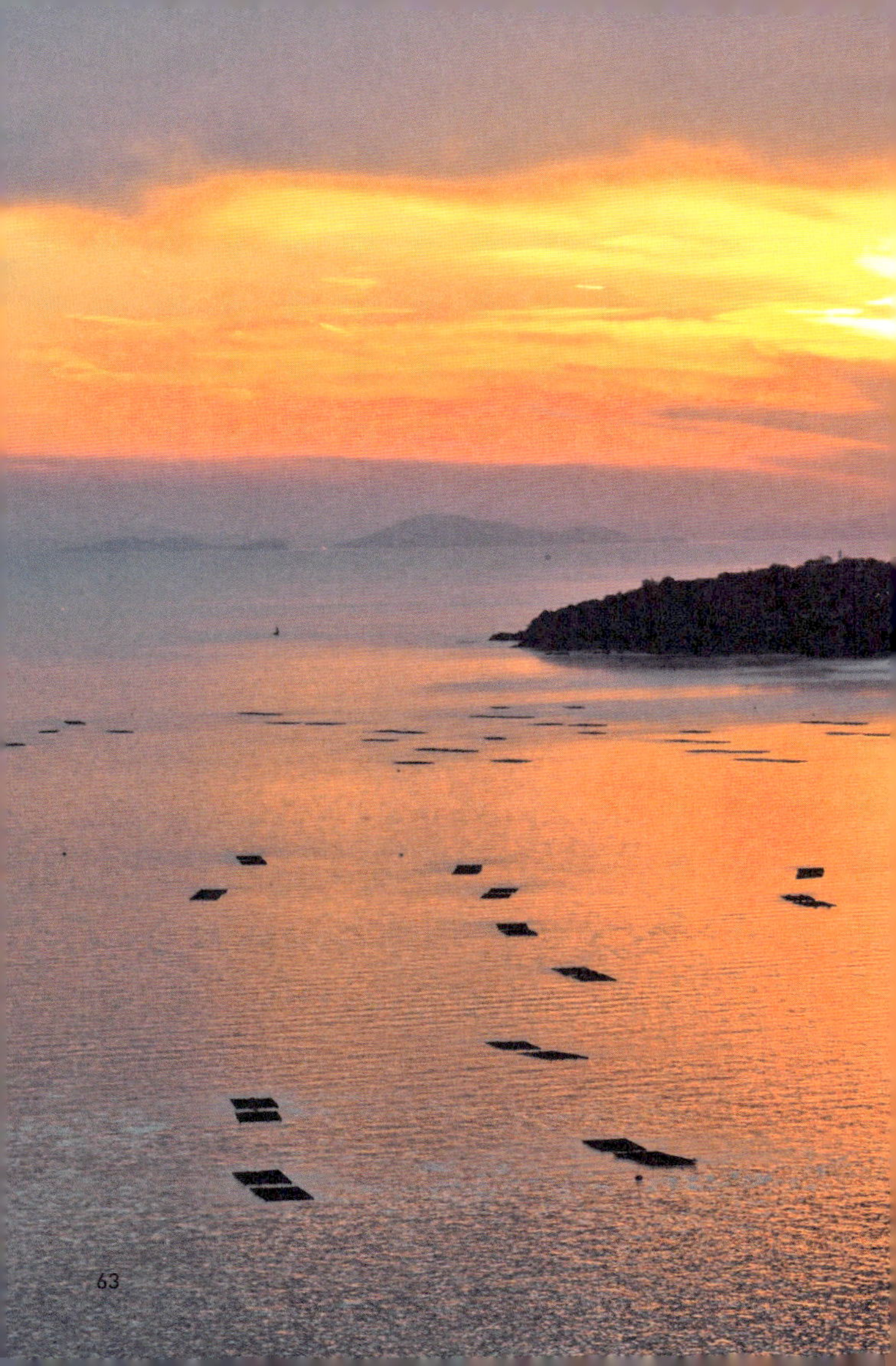

ど、赤穂浪士《ろうし》にまつわる史跡が多く点在しているのはもちろん、海に面している赤穂には自然の見どころもたくさんあります。

生島《いきしま》は坂越浦沖に浮かぶ周囲約一・六キロほどの小島ですが、大避《おおさけ》神社の神域《しんいき》として古くから人の出入りが禁止されている場所。「生島樹林」として、大正十三（一九二四）年には国の天然記念物の指定を受けています。

千種川《ちくさがわ》は全長約六八キロの、兵庫県南西端部を流れる川で、名水百選にも選ばれるほどの清流です。この川はその豊富な水量で知られ、昔から干上がったことがなく、「枯れない川」と称えられています。

そして、赤穂がいつしかナポリと比較されるようになった由来が御崎《みさき》にあることは間違いないでしょう。御崎は瀬戸内海国立公園の区域内にある、瀬戸内海に面する岬で、美しい瀬戸内海の大パノラマが眼下に広がっています。

御崎からゆったりと海を眺めたい方には伊和都比売《いわつひめ》神社前にある「一望の席」がおすすめです。ここから見る夕日に、日頃の疲れも癒《いや》されることでしょう。

本場のナポリは、イタリアのなかではジェノバに次ぐ国内第二の商業港。また、近くにベスビオ火山を擁することから、同火山の南麓にあった古代都市・ポンペイの遺物が多く収集された国立考古学博物館があります。この上ない景色と、古くからの歴史を有することなどが、ナポリと赤穂の類似点なのかもしれません。

日本の

チロル

下《しも》栗《ぐり》の里《さと》
（長野県飯田市）

チロル(Tirol)

オーストリア西部からイタリア北部にわたる地方名で、標高3000mほどの山々が万年雪を頂いてそびえ立つ山岳地帯。アルプス山脈の東部にあたり、氷河や牧草地、森林などから形成される自然景観が旅行者を引き寄せている。なかでも、カーヴェンデル山群にあるアーホルンボーデンはアルプス山脈でもっとも美しい景観の一つと称される渓谷で、黄葉した山岳カエデが見事。

急斜面に築かれた下栗の里。江戸時代後期から人口が増え、一時は300人を超えた。

下栗の里

JR「飯田駅」からバスで約1時間、「上町」バス停下車、タクシーで約15分。

下栗の里を望める「天空の里ビューポイント」。下栗の里の最大傾斜はなんと38度もある。

チロルのとある丘の風景。森林や牧草地のほか、実はチロルには氷河もある。

谷底に向かって民家が点在する遠山郷の代表的景観

ＪＲ飯田駅から路線バスで一時間、下車したバス停からさらにタクシーで十五分の山奥にあるのが、遠山郷《とおやまごう》の「下栗《しもぐり》の里《さと》」（飯田市上村《かみむら》下栗地区）です。

ここは南アルプスを望む最大傾斜三八度の山の斜面に家屋や畑が点在する小さな「山村《さんそん》」です。しかし、日本でも有数の美しい景観を持つ場所として知られ、その姿がアルプス山脈の東部に位置するチロル地方に似ていることから、地理学者・東京学芸大学名誉教授の市川健夫氏によって「日本のチロル」と名付けられました。

また、『日本百名山』の著者として有名な作家・深田久弥《ふかだきゅうや》氏も、この地を「下栗ほど美しく平和な山村を私はほかに知らない」と書き残し、称えています。

平成二十一（二〇〇九）年には「にほんの里100選」（主催／朝日新聞社・森林文化協会）にも選ばれ、アニメのモチーフの一つともなりました。

同年秋には地元住民の手によって「天空の里ビューポイント」がつくられ、下栗が俯瞰《ふかん》できる場所として多くの観光客が訪れていますが、下栗は観光地ではなく、地元の人びとが静かに生活を送る「暮らしの場所」です。同地を訪れる際はこのことを考慮に入れ、住民の邪魔にならないよう配慮していただきたいと思います。

日本の

リバプール

▼

博多《はかた》

（福岡県福岡市）

リバプール（Liverpool）

イギリス、イングランド北西部、マージーサイド州の港湾都市。ロンドンに次ぐ、イギリス第2の貿易港でもある。13世紀より貿易港として発展を遂げ、ザ・ビートルズの結成の地としても有名。マージー川の河口に開けた埠頭《ふとう》「ピア・ヘッド」には、キューナードビルディング、ロイヤルリバービルディングなど、産業革命後の繁栄を象徴する建物が並び、多くの観光客を呼び寄せている。

上空から眺めた博多区付近。左側に見えるのが那珂川。

博多

（西鉄「西鉄福岡［天神］駅」まで）JR「博多駅」からバスで約15分。

リバプールのアルバート・ドック。レストランやカフェのほか、美術館、土産物店なども併設されている。

本家イギリスの「ガーディアン」紙も注目の国際都市

「博多《はかた》」といえば、福岡市の那珂川《なかがわ》の右岸にある九州でいちばんの商業地区です。朝鮮半島や大陸との交通の要衝《ようしょう》として古くから開けた港町で、地元では福岡市全体を指して博多と呼ぶことが多いようです（したがって、この項では福岡＝博多と捉えています）。

イギリスの「ガーディアン」紙によると、「福岡は日本のリバプール」だそうです。その理由としては、貿易港を持った国際都市としての性格や、「めんたいロック」と称されて数多くのバンドを輩出したことが本家のリバプールと似ているからということがあげられます。なお、めんたいロックとは、大まかにいえば福岡を拠点に活動したバンドの総称で、昭和五十五（一九八〇）年以降、一般的な言葉となりました。確かにいわれてみれば、博多駅からほど近いところにある天神《てんじん》地区の「親不孝通り」周辺にはライヴハウスやクラブが点在し、ダンススクールなども多くあって、現在でも音楽の町という雰囲気は健在で、ちょっと足を伸ばせば太宰府《だざいふ》天満宮《てんまんぐう》といった古い歴史を持つ史跡も遺っています。アメリカの「ニューヨーク・タイムズ」紙も注目する博多へ、ぜひ足を運んでみてはいかがでしょうか。

日本の

デンマーク

▼

安城《あんじょう》

（愛知県安城市）

デンマーク(Denmark)

ヨーロッパ北部のスカンジナビア三国の一つで、1972年より現在までマルグレーテ2世女王を元首《げんしゅ》とする。正式名称は「デンマーク王国」で、デンマーク語では「ダンマーク（Danmark）」という。旅行においてはノルウェー、スウェーデン、フィンランドとともに「北欧ツアー」の一国としてくくられ、アンデルセン童話に登場するような可愛らしいコペンハーゲンの町などが人気。

安城産業文化公園「デンパーク」にあるデンマーク風車（高さ19m）。

園内の池に咲くパラグアイオニバス（左）と蓮。パラグアイオニバスの縁は10cmほどの高さがあり、鋭いトゲで覆われている。

安城
(JR「安城駅」まで)JR「名古屋駅」から新快速で約22分。

「秘密の花園」にあるレンガのアーチ（宿根草《しゅっこんそう》を主体にしているため、冬季は閉鎖される）。

デンマークの首都・コペンハーゲンのカステレット要塞（1662年建造）に建つ風車。

全国の農業経営のモデルとなった「日本丁抹」

愛知県のほぼ真ん中に位置する安城《あんじょう》（市）。実はここ、かつては「日本丁抹《デンマーク》」と呼ばれ、全国の農業経営のモデルとなった場所です。安城市では大正以来、稲作、畑作、畜産、果樹など、農業が多角的に経営され、このことが世界の農業先進国であるデンマークにたとえられたのでした。

第一次世界大戦の翌年（大正四〈一九一五〉年）、日本にはいわゆる「大戦景気」が訪れ、国中が好景気に沸《わ》きましたが、そんな時勢も徐々に停滞していき、大正九（一九二〇）年には恐慌《きょうこう》がやってきました。農産物の価格の下落は特に顕著で、農村の経済状況は悪化の一途をたどり、また、農村部から都市部への人口の流出が加速し、まさに農村は青息吐息《あおいきといき》の状態にありました。

そこで模範とすべき国とされたのが、デンマーク。近代の戦争での敗北後、小さい国ながらも短期間のうちに農業国家として復活したことが当時の日本でも紹介されており、安城を中心とした碧海郡《へきかいぐん》はデンマークをお手本に、農業経営を多角化させて農業・農村振興に勤《いそ》しんだのでした。そして、いつしか安城は「日本丁抹」「日本のデンマーク」などと呼ばれることになったのです。

日本の

ダボス

▼

菅《すが》平《だいら》高《こう》原《げん》

（長野県上田市）

ダボス（Davos）

スイスのグラウビュンデン州にある観光保養地。山々に挟まれた小さな村ながらも、世界経済フォーラム（通称はダボス会議）が開催されるスイス屈指の山岳リゾート。特に空気の澄んだ地域として知られ、雄大な自然を眺めながら行なうハイキング、サイクリング、スキーなどが人気。トーマス・マンの『魔の山』の舞台となった場所としても有名。

紅葉が美しい根子岳《ねこだけ》（標高2207m）から望む菅平高原。

世界経済フォーラムが開催されることでも有名なダボス。

菅平高原

JR「上田駅」からバスで約55分。

近代アルペンスキーの父ハンネス・シュナイダーが命名

レンゲツツジが群生《ぐんせい》し、夏には登山道のほぼすべてが花で埋め尽くされる根子岳《ねこだけ》（標高二二〇七メートル）や、山頂に三六〇度の大展望が広がる四阿山《あずまやさん》（標高二三五四メートル）のトレッキングコースや、高さ一五メートル、幅一〇メートルの大迫力の「唐沢の滝」、源頼朝《みなもとのよりとも》が的《まと》代わりにして弓を引いていたという伝説を持つ屛風岩《びょうぶいわ》の「的岩」など、四季折々の魅力にあふれている菅平高原《すがだいらこうげん》。

菅平高原は標高一二五〇～一四五〇メートルの小盆地状を成す場所で、丘陵《きゅうりょう》全体が美しい天然の芝生に覆われている姿がスイスの牧場地帯でもあるダボスに似ていることから、「日本のダボス」と呼ばれています。菅平高原をこのように呼んだのは、ハンネス・シュナイダーというスキー指導者。「近代アルペンスキーの父」と称えられる彼は、世界ではじめて体系的なスキーの指導法を考案・普及させた人物で、昭和五（一九三〇）年三月、菅平高原にて初の雪上スキー指導を行ないました。その際、彼がここを「スイスのダボスに似ている」といったことで、根子岳の山麓《さんろく》一帯がダボスにたとえられるようになったのです。シュナイダーゲレンデの頂上には「シュナイダー記念塔」が建てられています。

日本の

アルプス

飛騨《ひだ》・木曾《きそ》・赤石《あかいし》山《さん》脈《みやく》

（新潟県・長野県・富山県・岐阜県・山梨県・静岡県）

アルプス（Alps）

フランス、スイス、イタリア、オーストリア各国の国境において東西に連なる山脈。長さは約1200キロにもなり、東はウィーン近くから西は地中海沿岸にまで繋がっている。モンブラン（標高4810m）を最高峰として、ユングフラウ、モンテローザ、マッターホルンなど4000メートル級の山がそびえる。観光には天候が比較的安定している秋がよく、ハイキングや星空観賞が楽しめる。

飛騨山脈のほぼ中央にそびえる槍《やり》ヶ《が》岳《たけ》。山名は山頂が槍の穂先に似ていることによる。

まるで槍ヶ岳の山頂のような鋭い山容を持つマッターホルン(4478メートル)。日本人登山家も多く登頂している。

上空から眺めた木曾山脈（中央アルプス）。長野県南部にあり、伊那盆地と木曾谷に挟まれている。

飛騨・木曾・赤石山脈

（上高地まで）JR「松本駅」（松本バスターミナル）からバスで約1時間50分。マイカーの場合、さわんど（沢渡）駐車場地区からシャトルバスで約30分。

上高地のランドマーク的な存在である河童橋と穂《ほ》高《たか》連峰。夏期だけでなく、紅葉の季節にも多くの観光客で賑わいを見せる。

「日本アルプス」って、どの山々を指しているの？

本州中部を南北に走る飛驒《ひだ》山脈（北アルプス）、木曾《きそ》山脈（中央アルプス）、赤石《あかいし》山脈（南アルプス）の三つの山脈の総称を「日本アルプス」といいます。

「アルプス」という呼称の本家はもちろんヨーロッパ・アルプス山脈ですが、日本においてこの総称をはじめて言葉にしたのはイギリスの鉱山技師ウィリアム・ゴーランド（ガウランド）です。彼が『中部および北方日本旅行案内』（一八八一年）のなかで「信州飛驒山岳地方（註：飛驒山脈のこと）を日本のアルプスと名づけてよかろう」といったのが最初です。その後、イギリス人の宣教師・登山家のウォルター・ウェストンが木曾・赤石山脈をも含めて呼び、日本人の登山家・随筆家の小島《こじま》烏水《うすい》が三山脈をそれぞれ「北アルプス」「中央アルプス」「南アルプス」と名付けたことでいまに至っています。

日本アルプスには三千メートル級の峰々が多くそびえ、氷河によって浸食された地形が多様な景観を生み出しています。日本アルプスの象徴とされるのが、槍ケ岳《やりがたけ》（標高三一八〇メートル）から奥穂高岳《おくほたかだけ》（標高三一九〇メートル）にかけての南北の鋭い岩尾根と、上高地《かみこうち》。上高地は山岳リゾートとしていまでも人気です。

日本の

ワイキキビーチ

▼

白《しら》良《ら》浜《はま》 ★

（和歌山県白浜町）

ワイキキビーチ（Waikiki Beach）

ハワイ州（アメリカ）・オアフ島の南岸にある砂浜海岸。ワイキキとはハワイ語で「ほとばしる水」の意味で、約3キロにわたって三日月型の美しい砂浜が続く。19世紀よりハワイの王族の行楽地となったが、1920年代より観光開発が可能となり、現在ではハワイを代表するビーチになった。近くの火山・ダイヤモンドヘッドも絶好のビュースポットとして観光客に人気が高い。

WORLD ワイキキビーチとダイヤモンドヘッド。山頂の展望台からは青い海が一望でき、人気のビューポイントとなっている。

白良浜

JR「白浜駅」からバスで約15分、「白良浜」バス停下車、徒歩すぐ。

白良浜ではビーチの清掃にも力が注がれ、ライフガードも配備されている(夏期シーズンに限る)。

本家と「友好姉妹浜」の提携を結ぶ白浜町のシンボル

平成十二（二〇〇〇）年七月、和歌山県白浜町《しらはまちょう》の白良浜《しららはま》とハワイ州ホノルル市のワイキキビーチが「友好姉妹浜」（Goodwill Beach City Relationship）になりました。

白良浜とワイキキビーチの共通点はたくさんあります。まず、白浜町とホノルル市のおもな産業が観光であること。ビーチの保全のために、自治体と市民が一緒になって活動に励んでいること。そして、何よりも、美しいビーチを楽しむため、毎年多くの観光客が訪れていることです。昭和十五（一九四〇）年、瀬戸鉛山村《せとかなやまむら》は町制に移行し、「白浜町」となりました。もちろん、町名の由来は、町の中心部にあった白良浜からとったものです。それまでは白浜温泉の開発によって温泉観光地としての性格が強かったのですが、いまでは動物園、水族館、遊園地が一体となったテーマパーク「アドベンチャーワールド」の所在地としても知られるようになりました。紀伊《きい》半島の南西端にほぼ近い場所に位置する白浜町は、「世界と交流するまち」という基本理念を掲げ、これからもたくさんの人びとを呼び寄せることでしょう。

ちなみに、愛知県西尾市吉良町《きらちょう》にある「吉良ワイキキビーチ」も、ハワイ州の観光局から許諾を得た「お墨付《すみつ》き」のビーチです。

日本の

マイアミビーチ

▼

藤《ふじ》沢《さわ》市《し》の海《かい》岸《がん》

（神奈川県藤沢市）

マイアミビーチ（Miami Beach）

アメリカ・フロリダ州の南東部にある観光・保養都市。ビスケーン湾を挟んで対岸にはマイアミ市がある。同国のほぼ最南端に位置することから、南米の国々やカリブ諸国との中継地として人と物にあふれ、常夏《とこなつ》の楽園として大富裕層の別荘も数多く建っている。アール・デコ地区は特に夜になると活気を見せ、観光客にも人気が高い。

茅ヶ崎方面から眺めた藤沢市の海岸。写真中央の下部、水面に浮かぶように見えるのが江の島。

マイアミビーチの朝焼け。この地は一年を通して快適に過ごすことができ、避暑地、避寒地として高い人気を誇る。

藤沢市の海岸

(片瀬東浜海水浴場まで) 小田急線「片瀬江ノ島駅」から徒歩約5分。(辻堂海水浴場まで)JR「辻堂駅」からバスで約10分、「辻堂海浜公園」バス停下車、徒歩3分。

夏には多くの海水浴客で賑わう「東洋のマイアミビーチ」

神奈川県藤沢《ふじさわ》市には、片瀬東浜《かたせひがしはま》海水浴場、片瀬西浜《にしはま》・鵠沼《くげぬま》海水浴場、辻堂《つじどう》海水浴場の三つがありますが、一般的に、これらの海水浴場を含む海岸一帯は「東洋のマイアミビーチ」と呼ばれています。特に片瀬東浜海水浴場は右手に江の島、左手に三浦半島が一望できることから人気が高く、海の家がずらっと並び、海水浴場の開設期間である七・八月の二か月だけで一〇〇万人ほどが訪れるそうです。

実は、この辺りの場所にマイアミビーチの名が冠されたのは最近のことではありません。戦前、湘南《しょうなん》海岸公園は国際的観光地をめざして開発が進められていましたが、戦時中に荒廃してしまいます。そして、戦後、鎌倉郡片瀬町が藤沢市へ合併するのにともない、新たな湘南海岸公園の構築がなされ、いつしかここが「東洋のマイアミビーチ」と呼ばれるようになったようです（昭和三十二〈一九五七〉年、片瀬・鵠沼地区が藤沢市によって「東洋のマイアミ」として売り出されたことも、命名には影響しているようです）。

そして、二年後の昭和三十四（一九五九）年三月、藤沢市とマイアミビーチ市の双方の議会で姉妹都市として提携することが確認されたのでした。

日本の

青の洞窟

▼

沖縄《おきなわ》の青《あお》の洞窟《どうくつ》

（沖縄県恩納村）

青の洞窟(Grotta Azzurra)

イタリア南部、ナポリ湾に浮かぶカプリ島にある海岸洞窟(海蝕洞《かいしよくどう》)。断崖絶壁にわずかに開いた入り口から洞窟内へ入ると、水面から深い青色の輝きが洞窟いっぱいに広がる。この神秘的な光景を目にするには、晴れた日の午前中がよいとされ、入り口の狭さのため波が高い日は洞窟内へ入ることはできない。カプリ島へは、ナポリの港からフェリーで約1時間15分で到着。

沖縄のマリンアクティビティを語る上では欠かせない恩納村《おんなそん》の青の洞窟。

沖縄の青の洞窟
那覇市内から車（高速利用時）で約1時間～約1時間20分。

青の洞窟を潜るダイバー。６歳から69歳までシュノーケリングが楽しめる（60歳以上は医師の診断書が必要。年齢の上限は店舗によって異なる）。

青の洞窟のシュノーケリングスポットへ通じる階段。

カプリ島の青の洞窟。深い青色は「カプリブルー」と称され、神秘的な雰囲気を醸し出す。

シュノーケリングや体験ダイビングで魚と戯れる

洞窟内部の海面が太陽光線の反射によって神秘的に青く照らされる「青の洞窟」。世界的にはカプリ島やマルタのものが有名ですが、実は日本にもいくつか青の洞窟があります。なかでも、日本を代表する青の洞窟は、沖縄本島の恩納村《おんなそん》の真栄田《まえだ》岬《みさき》にあり、県内屈指のシュノーケリング・ダイビングスポットとなっています。真栄田岬の青の洞窟は、沖縄美《ちゅ》ら海《うみ》水族館などがある沖縄本島の北西部から約一時間、那覇《なは》市からも約一時間と、沖縄観光の中間地点にあることもあって、多くの人が訪れています。

洞窟内に朝日が特にきれいに入る時間帯は、なんといっても早朝から午前中にかけて。太陽光が海面をよく照らし、青色が一段と増します。ただし、その時間は多くの観光客が訪れるため、海のなかをじっくりと楽しみたいならば午後二時以降がよいでしょう。

青の洞窟を楽しむ方法は、シュノーケリングとダイビングの二つ。通常のダイビングはライセンスが必要ですが、体験ダイビングならばライセンスなしでも大丈夫。青の洞窟内にいる魚は人に慣れているので、魚と戯《たわむ》れることができます。

日本の

トゥーロン

▼

横《よこ》須《す》賀《か》

（神奈川県横須賀市）

トゥーロン（Toulon）

フランス南東部、地中海に面する港湾都市で、同国最大の軍港（海軍基地）でもある。ニースやマルセイユと並び、フランス人にとっては避暑地としても知られ、温暖な気候も手伝ってのんびりした町の雰囲気が人気。サナリ・シュール・メールでは毎日マルシェ（朝市）が開かれ、獲れたての魚介類や野菜、チーズなどを安価で手に入れることができる。

横須賀本港に停泊する海上自衛隊の護衛艦「いずも」（左）と南極観測船「しらせ」。

ディープでアメリカンな横須賀の雰囲気を味わうことができる「どぶ板通り商店街」。

横須賀

(JR「横須賀駅」まで)JR「横浜駅」から電車で約45分。

ヴェルニー公園に築かれている勘定奉行《かんじょうぶぎょう》・小栗上野介忠順《おぐりこうずけのすけただまさ》の胸像。

WORLD 地中海艦隊の拠点・トゥーロン。造船所や兵器工場などがある。

幕末の日本をいまに伝える軍港・造船の町

神奈川県南東部、三浦半島の主要部に位置し、東は東京湾と浦賀《うらが》水道《すいどう》、西は相模湾に臨む横須賀《よこすか》(市)。市域の大部分を占めるのは丘陵《きゅうりょう》ですが、同市の名を全国的に有名なものにしているのは、なんといっても「軍港のある町」という側面においてでしょう。このことから、横須賀はフランス南東部の軍港・トゥーロンに似ているといえるかもしれません。両市がともに海に面し、広い森林地帯を持っていることも、横須賀がトゥーロンにたとえられる理由の一端といえます。

横須賀は、幕末の日本を語る上で欠かせない場所の一つです。それは、ここに横須賀製鉄所が設けられることになったため。嘉永《かえい》六(一八五三)年、アメリカのペリー艦隊が浦賀沖に現れて以来、強力な海軍を保持することが必要不可欠となった幕府は、軍艦や船舶の修理・機具製造をするために同製鉄所を建設しました。

このことによって、横須賀は軍港であり続け、アメリカ風の町の雰囲気が醸《かも》し出されるようになったのです。フランス庭園様式が取り入れられたヴェルニー公園からは横須賀本港が一望でき、同製鉄所の建設に尽力したフランス人技師・ヴェルニーと勘定奉行《かんじょうぶぎょう》・小栗上野介忠順《おぐりこうずけのすけただまさ》の胸像もあります。

日本の

ヴェネツィア

横《よこ》浜《はま》
（神奈川県横浜市）

堺《さかい》
（大阪府堺市）

ヴェネツィア（Venezia）

イタリア北東部、アドリア海のもっとも奥まった場所にある潟《かた》（ラグーナ）の上に形成された港湾都市。英語ではヴェニス（Venice）。市街地を二つにわける大運河をはじめ、180余の運河が発達していることから「水の都」と称えられている。町の移動手段は水上バスか水上タクシーがメインで、車の進入は許されていない。名所にはサン・マルコ大聖堂、リアルト橋などがある。

横浜ランドマークタワーから眺めた「みなとみらい」。中央には、よこはまコスモワールドの観覧車が見える。

ヴェネツィアの街を二分するように流れている「カナル・グランデ」(「大運河」の意)。

横浜

(横浜ランドマークタワーまで)JR「桜木町駅」から動く歩道で約5分(展望フロアスカイガーデンへは入場料金が必要)。

かつては川や運河が縦横に張り巡らされていた港町【横浜】

横浜《よこはま》は東京湾に面し、「港町」の代表格として知られる都市ですが、海に注ぐ川や運河が注目を浴びることは多くはありません。

それもそのはず、横浜市の中心部に現在残されている川は、大岡川、中村川、堀川、堀割川の四本のみで、それ以外の市街に縦横に張り巡らされていたものは戦後の高度成長期に埋め立てられてしまったからです。横浜にはかつてたくさんの運河がありましたが、それは幕末の開港以降に掘られたもので、日本人と外国人の衝突を避けるために関門を設ける必要があり、築かれたようです。資料によると、昭和初期には年間で七万五〇〇〇隻もの船が横浜市内の運河を往来していたようです。まさに、横浜もヴェネツィア同様、「水の都」だったといえるでしょう。

このような歴史を持つ横浜では、現在、川や運河をもっとよく知ってほしいということから、平成二十五（二〇一三）年から「横浜運河パレード」という催しが開かれています。正午前、親水施設「横浜日ノ出桟橋」を出発したプレジャーボートなどの動力船やシーカヤック、手漕ぎ船などは、蒔田《まいた》公園を経て元町《もとまち》に到着。その後、動力船は山下埠頭《ふとう》、大桟橋《おおさんばし》埠頭、日本丸メモリアルパークを通過し、再びスタート地点へと戻ってきます（ルートは平成二十七年のもの）。

現在、見ることができる運河の一つ、新山下運河には、北から霞橋《かすみばし》、新開橋《しんかいばし》、見晴橋《みはるばし》、鷗橋《かもめばし》の四つの橋が架かっています。新山下運河は、大正十二（一九二三）年にできたもので、運河沿いには船で運ばれた荷物を保管しておくための倉庫や海運会社がたくさんありました。現在、一部が遊歩道として整備され、新しいマンションなどが建てられていますが、長年経営されている海運会社なども点在し、かつての風景を偲《しの》ぶことができます。

中世、国の内外にその名が知られた「東洋のヴェニス」【堺】

東日本のヴェネツィアが横浜ならば、西日本のそれは、堺《さかい》です。

堺は大阪府中部に位置する、人口八四万を抱える政令指定都市で、仁徳陵古墳《にんとくりょうこふん》をはじめとする四四基の古墳で知られています。堺という地名は、ここが摂津《せっつ》、和泉《いずみ》、河内《かわち》の三国にまたがり、それらの境にあることに由来するとされています。

堺は、中世においても、その名は国の内外に広く知られていました。

というのも、応仁《おうにん》の乱のあと、兵庫港に代わり、遣明船《けんみんせん》の発着港となったのは堺

堺

（南海電鉄「堺東駅」まで）JR「新大阪駅」から電車で約25分。

空から眺めた、堺市のシンボル的な存在である「仁徳陵古墳」。写真奥は大阪湾の堺泉北港。

で、貿易の実権が次第に堺の商人の手に移っていったためです。

また、応仁の乱によって京都が荒廃してしまったため、堺がそれに代わる物資の集散地となったことも、理由の一つ。当時、堺には、西日本からはもちろん、遠く琉球《りゅうきゅう》や朝鮮からも物資が届いたと伝えられています。

これらのことによって、堺の商人は莫大な経済力を背景に、町の安全を図るために自治を推し進め、南、北、東の三方に堀を築いて自衛態勢を整えました。町の自治を主導したのが、「会合衆《えごうしゅう》」や「納屋衆《なやしゅう》」と称された有力商人たちでした。

堺がこのようにして、国の内外にその名が轟《とどろ》いていた永禄《えいろく》年間（一五五八～一五七〇）にここを訪れたイエズス会宣教師ガスパル・ヴィレラは、報告書にこのように記しています。

「堺の町は甚《はなは》だ広大にして大なる商人多数あり。この町はヴェニス市の如《ごと》く執政官《しっせいかん》によりて治めらる」

堺がのちに「東洋のヴェニス」と称えられるのは、このことによります。

宣教師は、「町は甚だ堅固《けんご》にして、西方は海を以《もっ》てまたほかの側は深き堀を以て囲まれ、常に水充満せり」と、七世紀頃から貿易で発展し、中世末期に共和国を樹立したイタリアのヴェネツィアのような描写も記されています。自治都市としての堺の象徴が、港と堀だったといえます。

日本の

ロンドン

▼

丸《まる》の内《うち》
（東京都千代田区）

ロンドン(London)

イギリスの首都。イングランドの南東部にあり、テムズ川下流の両岸にまたがって広がる。経済的中心のシティー、政治的中心のウェストミンスター、繁華街のウェストエンドを核として、市域を拡大していった。ウェストミンスター寺院、ロンドン塔、大英博物館、セントポール寺院、国会議事堂など、観光の見どころがたくさんある。漢字では「倫敦」と書いた。

鹿鳴館《ろくめいかん》、ニコライ堂など、帝都東京の数々の建築物に携わったジョサイア・コンドル（写真提供：三菱地所）

現在の丸の内ビジネス街が築かれる端緒となった三菱一号館（写真提供：三菱地所）

WORLD ロンドンの街並み。地名の由来は、ケルト語で「荒れた」を意味する「ロンド（londo）」にあるとされる。

平成21（2009）年に復元された「三菱一号館」（現在の三菱一号館美術館）。

丸の内

（三菱一号館美術館まで）JR「東京駅」（丸の内南口）から徒歩約5分。

イギリス人建築家・コンドルが設計した「三菱一号館」を復元

東京駅の丸《まる》の内《うち》南口から徒歩五分の場所に建つ「三菱《みつびし》一号館美術館」。この、赤《あか》煉瓦《れんが》でできた三階建ての洋風事務所建築は、平成二十一（二〇〇九）年に復元されたものですが、初代はイギリス人建築家のジョサイア・コンドルが設計し、明治二十七（一八九四）年に竣工《しゅんこう》したイギリス・クイーンアン様式の「三菱一号館」でした（同館は昭和四十三（一九六八）年、老朽化のために解体）。

この三菱一号館を皮切りに、丸の内には、当時の最新工法を用いて一三棟ものオフィスビルが築かれました。それらの煉瓦造のビル群は、コンドルの故郷・ロンドンの市街の面影を持つことから、「一丁倫敦《いっちょうロンドン》」と呼ばれるまでになったのです。

いまでこそ丸の内といえばオフィスビルが立ち並ぶビジネス街として知られていますが、当時はまだ貸事務所というビジネスモデルが浸透していない時代。事業としてはとても苦戦していました。しかし、丸の内は、三菱社の当時の社長・岩崎彌《いわさきや》之助《のすけ》が「同地域は宮城《きゅうじょう》（皇居《こうきょ》のこと）に近接し東京市の中央にあって、もっとも中枢になるべき土地」と捉えて明治政府から払い下げられた場所。同社の最高幹部も「三菱はここを模範街にする責任がある」と強く考え、事業を続けたといいます。

日本の

ポカラ

駒《こま》ヶ《が》根《ね》

（長野県駒ヶ根市）

ポカラ(Pokhara)

ネパールの首都・カトマンズから西北西へ約140kmの地点にある、ネパール第2の都市。古くから商業の中心地として栄え、近郊やチベット圏から多くの人びとがやってきていた。目の前にはマチャプチャレ（6993m）が望め、アンナプルナ山群への登山ルートの拠点となっていることから、現在でも観光地やヒマラヤ登山基地として数多くの旅行者や登山家が集まる。

中央アルプス（最高峰は木曽駒ヶ岳〈2956m〉）と駒ヶ池。

ポカラの街並みとペワ湖。左手にそびえる魚の尾のような頂はマチャプチャレ（「マチャ」とは魚の意）。

駒ヶ根

(JR「駒ケ根駅」まで)JR「松本駅」から電車で約1時間40分。

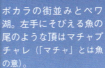

ネパールと長く交流を続けてきた、清流と森の町

市内から中央アルプスが望める駒ヶ根《こまがね》（市）。駅前から、駒ヶ岳ロープウェイ行きの路線バスが出ており、ロープウェイの終点の千畳敷駅《せんじょうじき》は日本一標高の高い駅（二六一二メートル）として知られています。宝剣岳《ほうけんだけ》の直下に広がる氷河《ひょうが》地形「千畳敷カール」には、一年を通して数多くの観光客が訪れます。

駒ヶ根は、高い山々に囲まれたその地形から、南アジアの小国・ネパールの第二の都市であるポカラになぞらえられることがあります。確かに、アンナプルナ山群が間近に迫るポカラの町並みと、中央アルプスのふもとに自然たっぷりに広がる駒ヶ根のそれとは、町の雰囲気がとてもよく似ています。

実際、駒ヶ根とポカラは、平成十三（二〇〇一）年に国際協力友好都市協定を結んでおり、いわば姉妹都市の関係にあります。これは、駒ヶ根市に青年海外協力隊の訓練所があることから、隊員活動の支援などでネパールと交流を重ねてきた結果といえます。なお、ポカラには駒ヶ根市と国際協力機構が支援している「コマガネホスピタル」（正式名称は母子友好病院）があり、「お母さんと赤ちゃんのための病院」として地域の重要な役割を担っています。

日本の

ピッツバーグ

八《や》幡《はた》
（福岡県北九州市）

ピッツバーグ（Pittsburgh）

アメリカ・ペンシルベニア州南西部の都市で、同国の鉄鋼業の中心地。国内最大級の港湾都市としても知られる。1758年にイギリス領となったのち、付近から鉄鉱石や石炭が発見されて町の工業化が進み、1865年にカーネギーが製鉄所を開いて以降、製鉄がおもな産業となったことから、ピッツバーグは「アメリカのバーミンガム」と呼ばれるようになった。

ノスタルジックな雰囲気を醸し出す南河《みなみかわ》内《ち》橋《ばし》（全長132.97m、幅員3.6m）。

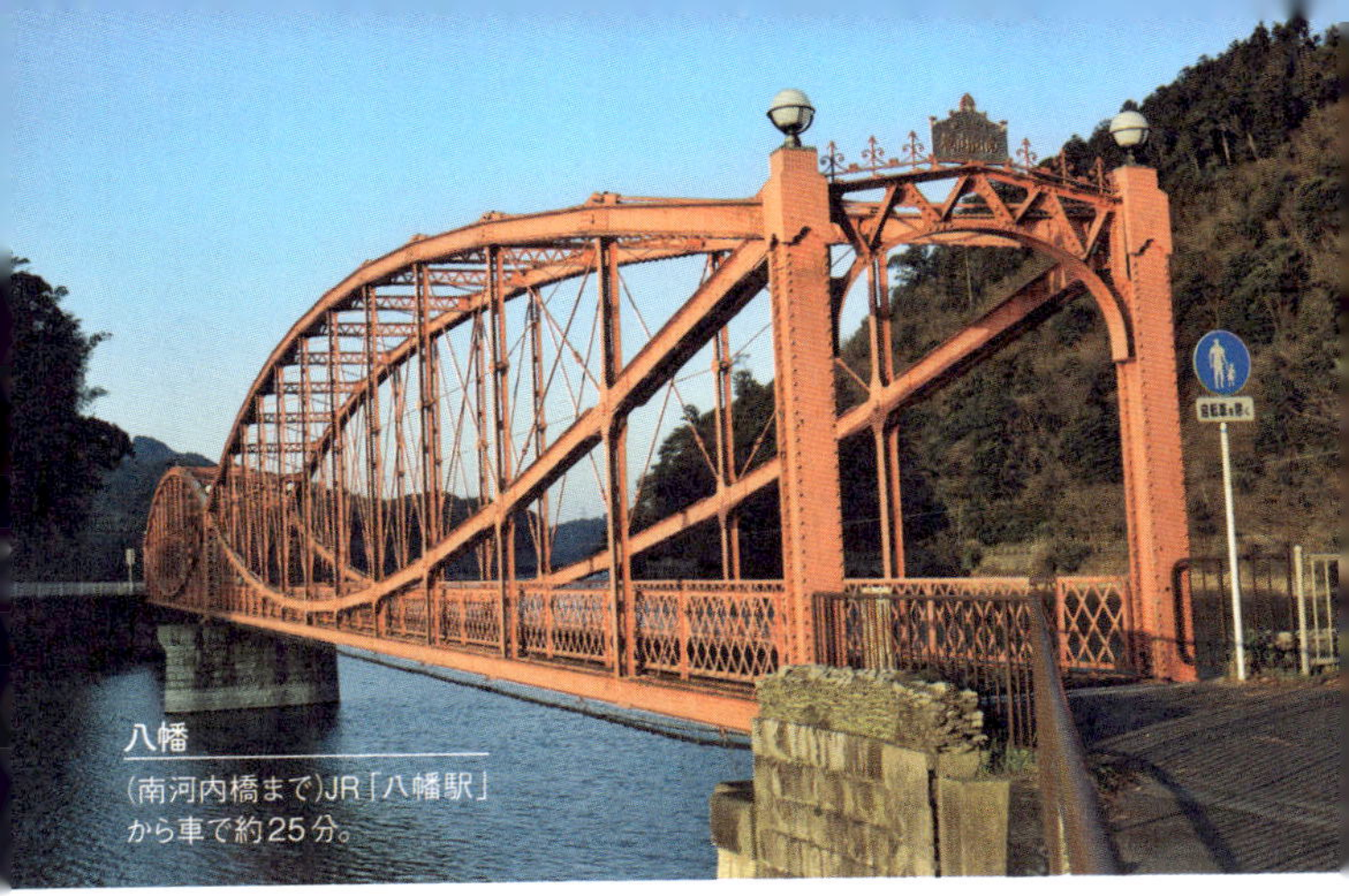

八幡

(南河内橋まで)JR「八幡駅」から車で約25分。

南河内橋は平成18（2006）年12月に国指定の重要文化財となった。

ピッツバーグのインクライン（傾斜面にレールを敷き、荷物などを台車に載せて運ぶ装置）とダウンタウン。

鉄の町の人びとに愛され続けている「南河内橋」

「八幡《やはた》」は、福岡県北九州市の西部にある重工業地区で、大正六（一九一七）年に市制となったのち、昭和三十八（一九六三）年には北九州市の設置によって同市八幡区となり、昭和四十九（一九七四）年に八幡東、八幡西の二区に分けられました。八幡がアメリカのピッツバーグにたとえられるような鉄鋼業の町として発展したのは、明治三十四（一九〇一）年に官営八幡製鉄所（現在の新日鉄住金）が操業をはじめて以降のこと。第二次世界大戦前が八幡の最盛期で、当時の日本の鉄鋼生産の半分以上を占めていたといいます。

なお、その鉄鋼業の繁栄が原因となって、八幡がアメリカの戦略爆撃機「B29」にはじめて狙われる町となったのは皮肉なことでした（昭和十九年六月）。

「鉄の町」八幡のシンボルとして市民に長く親しまれているのが、南河内橋《みなみかわちばし》です。地元では「めがね橋」「魚形橋」とも呼ばれるこの橋は、八幡製鉄所の工業用水を確保するために設けられた河内貯水池に架かる橋で、レンズ型に鋼材を組み合わせて築かれた、とても珍しいもの。この様式は「レンズ型トラス橋」といい、日本では三例建設されましたが、現在では南河内橋しか残されていません。

Column

まるで海外!? マニアな絶景

四季折々に美しい姿を見せる日本には、本文で紹介しきれないほど「世界の絶景」が多く存在します。ここではその中から、「マニアな絶景」と呼べるような、隠れた名所を取り上げてみます。

①「首都圏外郭《がいかく》放水路」（埼玉県春日部《かすかべ》市）　パルテノン神殿に似た何本もの列柱が建てられている、国土交通省が築いた河川水の放水路。奥行一七七メートル、幅七八メートル、高さ一八メートルもの巨大な空間は、まるで地下神殿のよう。

②「塩俵《しおだわら》の断崖」（長崎県平戸市）　柱状節理という奇岩群が約一キロにわたり延々と続く。景色はイギリスの「巨人の石道」（ジャイアンツ・コーズウェー）と瓜二つ。

③「昇仙峡《しょうせんきょう》」（山梨県甲府市）　中国にある世界遺産の泰山《たいざん》によくたとえられるのが昇仙峡です。人を寄せ付けない独特な威厳をたたえる昇仙峡の主峰・覚円峰《かくえんぽう》は必見。

④「奥大井《おくおおい》湖上駅《こじょうえき》」（静岡県川根《かわね》本町《ほんちょう》）　スイスのレーティッシュ鉄道の景観に似ている、接岨湖《せっそこ》上に築かれた無人駅。鉄道マニアの間では名の通った、絶景の秘境駅。

ここでは四か所のみを紹介しましたが、日本にはまだまだたくさんの、世界の絶景に肩を並べる美観が存在します。皆さんも、ぜひ足を運んでみてください。

① 日本のパルテノン神殿（首都圏外郭放水路）

首都圏外郭放水路。本家のパルテノン神殿とは異なり、柱にエンタシス（膨らみ）はない。

パルテノン神殿（ギリシャ・アテネ）。前5世紀、アクロポリスの丘の上に築かれた。

② 日本のジャイアンツ・コーズウェー（塩俵の断崖）

塩俵の断崖。溶岩台地の上に玄《げん》武《ぶ》岩《がん》が重なり、垂直方向に亀裂が入ってこのような姿になった。

ジャイアンツ・コーズウェー（イギリス・北アイルランド）。1986年、世界遺産に登録された。

③ 日本の泰山（昇仙峡）

昇仙峡の主峰・覚円峰。同所では10月下旬から11月中旬に紅葉の見頃を迎える。

泰山。中国の歴代皇帝たちが「封《ほう》禅《ぜん》」という、自身を支配者として認めさせる儀式を行なった。

④ 日本のレーティッシュ鉄道（奥大井湖上駅）

大井川鐡道の奥大井湖上駅。湖を渡る鉄橋（レインボーブリッジ）には歩道も備えられている。

レーティッシュ鉄道（スイス東部）の名所の一つ、ラントヴァッサー橋を渡る列車。

Part 2

一度は必ず行ってみたい!
貴重な「遺跡・建造物・街道」

日本の

マチュピチュ

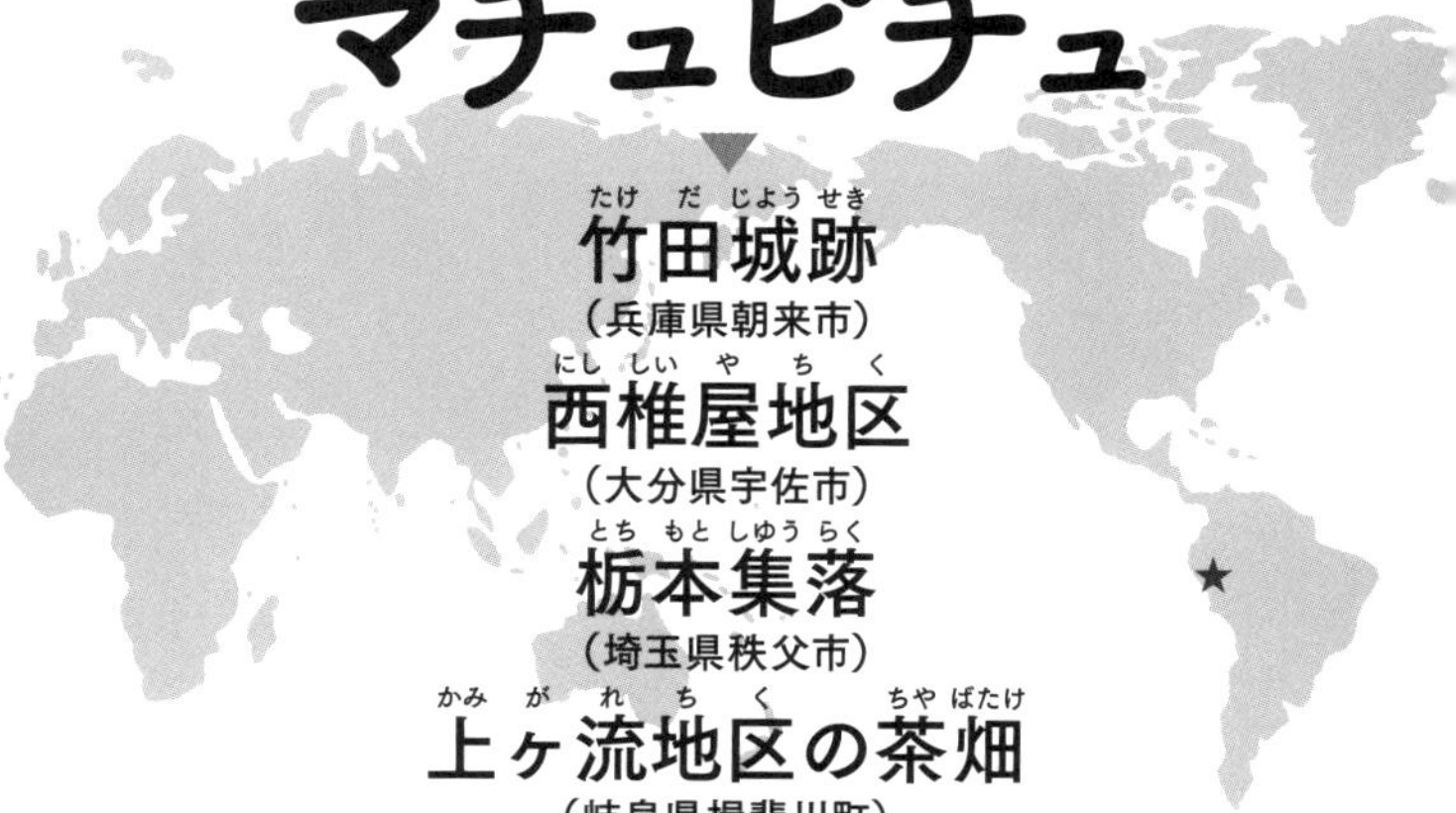

竹《たけ》田《だ》城《じょう》跡《せき》
（兵庫県朝来市）

西《にし》椎《しい》屋《や》地《ち》区《く》
（大分県宇佐市）

栃《とち》本《もと》集《しゅう》落《らく》
（埼玉県秩父市）

上《かみ》ヶ《が》流《れ》地《ち》区《く》の茶《ちゃ》畑《ばたけ》
（岐阜県揖斐川町）

マチュピチュ（Machu Picchu）

15世紀半ば頃、インカ帝国時代に築かれた離宮跡とされる要塞都市遺跡。1911年、同帝国最後の都市・ビルカバンバを捜していたエール大学教授ハイラム・ビンガムによって発見された。マチュピチュへ行くには、アメリカとリマで２回乗り継ぎ、所要時間約27時間以上をかけてクスコへ到着。そこからマチュピチュ村まで鉄道やバスで向かう。

雲海に浮かぶ竹田城跡。
朝霧は但馬地方の風物詩
でもある。

竹田城跡

JR「竹田駅」からバスで約20分、「竹田城跡」バス停下車、徒歩約15分。

「恋人の聖地」にも認定された「日本のマチュピチュ」の代表格【竹田城跡】

雲海に包まれたその幻想的な佇《たたず》まいから、いつしか「天空の城」や「日本のマチュピチュ」と呼ばれるようになった竹田城跡《たけだじょうせき》。

竹田城跡は、山城《やまじろ》（山頂や山腹などに築かれた城）の遺跡として、完全な形を保って建っている石垣遺構としては全国でもまれなもので、虎が臥《ふ》せているような姿をしていることから「虎臥城《とらふすじょう》」の異名を持っています。

竹田城跡の標高は約三五四メートルで、古城山《こじょうざん》の山頂に築かれています。本丸・天守台を中心として、曲輪《くるわ》が三方に向けて放射状に配置されており、縄張《なわば》りの規模は東西約一〇〇メートル、南北約四〇〇メートルという大きなもの。現在の姿に改修されたのは、織豊《しょくほう》時代の武将で、竹田城の最後の城主・赤松広秀《あかまつひろひで》（広通《ひろみち》とも）の時代と伝えられます。

なお、広秀は関ケ原《せきがはら》の戦いにおいて、はじめ石田三成《いしだみつなり》方に味方していたため、戦後、徳川家康《とくがわいえやす》の命により自害させられています（享年三十九）。建物が失われた現在の竹田城跡の姿には、広秀の悲しい末路が透けて見えます。

雲海が比較的よく見られるのは晩秋のよく晴れた早朝ですが、その貴重な光景を目に焼き付けるべく、ここ数年多くの観光客が訪れるようになり、平成二十四（二〇一二）年には「恋人の聖地」として認定を受けました。「日本のマチュピチュ」の代表格である竹田城跡には、今後ますます多くの人びとが訪れることでしょう。

ちなみに、竹田城跡を少し離れた場所から眺めるには、城跡の向かいの朝来山《あさごやま》の中腹にある立雲峡《りつうんきょう》という展望スポットからの眺めが最高です。

背後の急峻な山の形までそっくりな「宇佐のマチュピチュ」【西椎屋地区】

「日本のマチュピチュ」という呼び名が冠されるのは竹田城跡であることが多いのですが、実は「宇佐《うさ》のマチュピチュ」と呼ばれている場所もあります。

それが、西椎屋《にししいや》地区（大分県宇佐市院内町）です。

ここでは、地元の人が「秋葉様《あきばさま》」（火伏《ひぶ》せの神）と呼んで親しんでいる円錐形《えんすいけい》の山と、その前に広がる棚田や集落から構成される光景を眺めることができ、それが「本家のマチュピチュとそっくり」だといわれている場所なのです。

確かに、秋葉様の山頂付近は特に鋭い円錐形を成しており、マチュピチュの遺跡の写真の背景によく写り込んでいる「ワイナピチュ」という聖なる山のフォルムに

秋葉様（中央。標高は約460m）に抱かれた西椎屋地区。

西椎屋地区

車で玖珠ICから約30分。

「西椎屋大銀杏」は県下で最大の銀杏の木で、樹齢は約1300年と伝えられている。

栃本集落
（栃本関跡まで）秩父鉄道「三峰口駅」からバス（秩父湖行き）で約30分、「秩父湖」バス停下車、川又行きのバスに乗り換えて約15分。

渓流がつくったV字の深い谷の山肌に形成されている栃本集落。

とてもよく似ています。

秋葉様がマチュピチュとそっくりだとして、そのことを周囲に伝えたのは、宇佐市役所の元職員の方で、彼がその考えを市観光協会の知人に述べたところ、宇佐市の広報誌で紹介されるようになりました。

そして、平成二十八（二〇一六）年四月には「宇佐のマチュピチュ展望所」も完成し、県外からも多くの観光客がここを訪れるようになったそうです。

そういえば、興味深いことに、高速道路で秋葉様へ向かう際に降りるインターチェンジの名前は「玖珠《くす》」といいます。

そう、マチュピチュ観光への拠点となるペルーの都市で、インカ帝国の首都・クスコと名前が似ているのです。

ぜひ、「宇佐のマチュピチュ」を訪れて、その類似性の高さを確かめてみてください。

V字谷の山肌にひっそりと佇む「秩父のマチュピチュ」【栃本集落】

峻険《しゅんけん》なV字谷に集落が形成されているその姿から、「東日本のマチュピチュ」や

「秩父《ちちぶ》のマチュピチュ」と称されているのが、埼玉県の奥秩父にある栃本集落《とちもと》です。

栃本集落は秩父市の中心部から西へ約二〇キロの場所に位置する集落で、荒川の源流にあり、県内の最奥部《さいおうぶ》にあります。

かつては武蔵国《むさしのくに》（現在の東京都、埼玉県、神奈川県北東部）と甲斐国《かいのくに》（現在の山梨県）を結ぶ「秩父往還《おうかん》」という街道の関所として栄えていましたが、現在では廃《すた》れてしまい、二八世帯四三人が暮らすばかりになってしまいました（平成二十八年十二月末現在）。

しかし、奥秩父の栃本集落には、五〇メートルの落差があり、三段になって流れ落ちる「不動滝」や「栃本関跡」など、隠れた見どころがあちこちにあります。

栃本関は、中山道《なかせんどう》と甲州街道の間道《かんどう》である秩父往還の通行人を取り調べるために設けられた関所で、関東郡代・伊奈忠政が慶長《けいちょう》十九（一六一四）年、大村氏を番《ばん》士《し》に任じて以降、大村氏は代々幕末まで番士の職を務めました。

栃本関の役宅は文政《ぶんせい》六（一八二三）年に焼失してしまい、現在の母屋《おもや》はその後に再建されたものですが、玄関や上段の間、外部の木柵などに江戸時代の面影を偲《しの》ぶことができます。

なお、栃本集落の周辺はきちんと整備されているとは言い難く、不動滝に至る道は険しい山道になっている箇所もあります。訪問の際は十分に気をつけましょう。

WORLD 上空から眺めたマチュピチュ。インカ帝国が、スペインの侵略から財宝を守るために築いたともいわれるが、いまなお謎に満ちた都市である。

上ヶ流地区の茶畑

車で名古屋ICから約1時間30分。

「絶景ポイント」から眺めた「岐阜のマチュピチュ」上ヶ流地区の茶畑。

展望台から眺める茶畑は、まさに「岐阜のマチュピチュ」【上ヶ流地区の茶畑】

最後に紹介するのが、その名も「岐阜のマチュピチュ」。岐阜県揖斐川町《いびがわちょう》の上ヶ《かみが》流《れ》地区《ちく》は古くからお茶の栽培が盛んな土地で、その茶畑（上ヶ流茶園）は標高三〇〇メートルほどの山の中腹から山頂にかけて、一面にわたって広がっています。山々に囲まれた、いわゆる「日本の原風景」を思わせるようなその佇《たたず》まいは「天空の茶畑」と称《たた》えられ、SNSを中心に話題を呼んでいます。

東海環状自動車道を大垣西インターチェンジで下りて、国道四一七号線を揖斐川町方面に北上、粕川《かすがわ》を渡った先の交差点を左折し、県道三二号線を道なりに行くと「上ヶ流茶園」の看板が右手に見えてきます。名古屋からはおよそ一時間半の距離で、本家のペルーのマチュピチュを旅行するよりも、はるかに手軽に思えます。

現在では簡易な遊歩道が整備され、スニーカーやトレッキングシューズがあれば「絶景ポイント」まで登ることもできます。ただし、整備された展望台があるわけではなく、軽く切り開かれた斜面から眺めることになりますので、十分注意しながら「天空の茶畑」を堪能《たんのう》してください。

日本の

マヤ遺跡

▼

摩《ま》耶《や》観《かん》光《こう》ホテル
（兵庫県神戸市）

マヤ遺跡（Maya Ruins）

前４世紀から16世紀にわたって、グアテマラ、ホンジュラス、ベリーズなど中米５か国の都市国家で栄えた文明を「マヤ文明」という。現在でも同地域にはティカル、ウシュマル、チチェンイツァ、コパン、パレンケ、マヤパンなどの遺跡が残るが、これら、マヤ文明において築かれた遺跡を総称して「マヤ遺跡」と呼び、世界遺産に登録されている遺跡も少なくない。

摩耶ケーブルの車窓から見た摩耶観光ホテルの外観。眼下に広がるのは神戸の街（写真提供：NPO法人J-heritage。以下同）。

摩耶観光ホテル

（摩耶山・マヤ遺跡ガイドウォークの詳細については、「摩耶山ポータルサイト [http://www.mayasan.jp/mayaruins/]」にて日程を確認のこと）

ダンスホールや映画館などとして使われた４階の余興場（ガイドウォークでは、建物内部には立ち入らない）。

曲線が美しい南側の外観。丸みを帯びた意匠から「山の軍艦ホテル」とも呼ばれた。１階と２階は客室で、３階は食堂だった。

ウシュマル遺跡（メキシコ）に築かれた「魔法使いのピラミッド」（高さは約36m）。

いまもなお人びとの目を楽しませている「廃墟の女王」

一度役目を終えた観光地が、ふとしたきっかけで再び日の目を見る場合があります。六甲山《ろっこうさん》の西の中心地である摩耶山《まやさん》の中腹、標高約四五〇メートルの地点に築かれた摩耶観光ホテルもその一つ。「マヤカン」の通称で親しまれたこのホテルは、昭和四（一九二九）年に開業、温泉を備え、都市の中心部から近いこともあって賑わいを見せていましたが、経営難のため平成五（一九九三）年に閉鎖。さらに、平成七（一九九五）年の阪神・淡路大震災によって交通手段である摩耶ケーブルが長期間運休してしまったこともあり、周辺は立入禁止になり、廃墟《はいきょ》となりました。

以来、廃墟マニアからの人気は高く、不法侵入する者が後を絶たなかったことから、当初は取り壊しも検討されました。しかし、数億円かかる取り壊し料は何も生み出さず、それならば国内外から寄せられた「マヤカンを見たい」という要望を叶えようと、マヤカンを保存するためのクラウドファンディングが実施され、見事、支援総額が目標額を上回りました。現在では、マヤカンを訪ね歩くガイドウォークが定期的に実施され、人びとの目を楽しませています。「廃墟の女王」と称えられた摩耶観光ホテルは、気品あふれるその姿をいまもなおこの世にとどめています。

日本の

モン・サン・ミシェル

江《え》の島《しま》

（神奈川県藤沢市）

モン・サン・ミシェル(Mont-Saint-Michel)

フランス北西部にある、同国でもっとも有名な巡礼地。海岸線から１キロほど沖に突き出た岩がちな小島で、干満の差が激しい湾の奥に位置するため、あるときは干潟《ひがた》に建った姿となり、あるときは周囲を海に囲まれた姿となる。パリからの日帰りも可能で、朝、昼、夕と、日の光によって異なる姿を見せ、たくさんの観光客が押し寄せる。島の名物は「プラールおばさん」のオムレツなど。

上空から眺めた江の島（写真右上が鎌倉）。島の中央に建っているのが展望灯台（シーキャンドル）。

WORLD オムレツが名物となっているモン・サン・ミシェル（一方、江の島の名物はしらす丼）。

江の島

小田急線「片瀬江ノ島駅」から徒歩約10分。

本家と同じく、実は古くからの「信仰の島」

江《え》の島《しま》と本家モン・サン・ミシェルとの共通点は、なんといってもその姿にあります。現在、江ノ島大橋によって対岸と結ばれている江の島ですが、実は、干潮時に対岸とつながる陸繋島《りくけいとう》（陸の近くにあった島が、砂州《さす》の発達によって陸地と連結してしまったもの）の地形をしています。本家のモン・サン・ミシェルも陸繋島の例として知られており、干満時の佇まいがお互い似ていることから、江の島はいつしか「日本のモン・サン・ミシェル」と称されるようになったのでしょう。

江の島は周囲四キロ、面積〇・三八平方キロという小さな島ですが、見どころはたくさんあります。江の島の玄関口である青銅の鳥居は江戸時代後期の文政四（一八二一）年に築かれたもので、参道をしばらく歩き、「江の島エスカー」に乗れば、一気に江島神社辺津宮《へつみや》まで行くことができます。江島神社は島内に辺津宮、中津宮《なかつみや》、奥津宮《おくつみや》の三つのお宮があり、それぞれに女神が祭られています。この三姉妹の女神の総称を「江島大神《えのしまのおおかみ》」といい、江島弁財天《べんざいてん》として信仰されるに至っています。

江の島が「信仰の島」であることも、サン・ミシェルのお告《つ》げがきっかけとなって礼拝堂が築かれたことが島の歴史の発端となった本家とよく似ています。

日本の

パナマ運河

▼

扇橋《おうぎばし》閘門《こうもん》
（東京都江東区）

パナマ運河(Panama Canal)

中米、パナマ共和国中部のパナマ地峡を横断して、太平洋と大西洋（カリブ海）を結ぶ運河。全長は約81キロ。1881年、フランス人のレセップスにより起工され、1914年、アメリカが完成させた。1903年よりアメリカが永久《えいきゅう》租借《そしゃく》していたが、1977年、新パナマ運河条約の締結によって両国の共同管轄に移行し、1999年、パナマに返還された。

正面から見た扇橋閘門。
水位差は大きいときで
3m近くになる。

WORLD

パナマ運河は年間約１万5000隻の船舶が通航する。

扇橋閘門

東京メトロ「住吉駅」から徒歩約7分。

カヌーやカヤックも通航できる「東京のパナマ運河」

水面の高さが違う二つの河川を船が通航できるようにする施設を「閘門《こうもん》」といいます。その仕組みは、二つの水門に挟まれた水路（閘室《こうしつ》）に船を入れ、水位を人工的に昇降させることによって船を通すことができるようにするというもので、中米のパナマ運河に設置されている閘門が世界的に有名です。

さて、この閘門。実は、東京にもあるのです。「東京のパナマ運河」とも称されている扇橋《おうぎばし》閘門がそれです。扇橋閘門は、江東区を流れる小名木川《おなぎがわ》のほぼ中央に位置し、通航できる船舶は長さ九〇メートル、幅員八メートル、高さ四・五メートル以下。近年では、カヌーやカヤックなどのレクリエーションの一環として扇橋閘門を利用する人も増えています。また、「東京のパナマ運河」とも称されていることで、インフラツーリズム（既存のインフラや工事中のインフラを対象にした観光）などの観光資源としても知られるようになってきました。本家のパナマ運河は、長さ三六六メートル、幅員四九メートルまでの大型船に対応でき、扇橋閘門とは比べものになりませんが、閘門の仕組みを知るだけでもここを訪れる価値はあるでしょう（平成三十一年三月末まで耐震補強工事のため閉鎖中）。

日本の

ポン・デュ・ガール

▼

タウシュベツ川《がわ》橋梁《きようりよう》
（北海道上士幌町）

ポン・デュ・ガール(Pont du Gard)

フランス南部に築かれた、古代ローマ時代では最大の水道橋。紀元50年頃、ユゼスの水源からニームまで、約50キロの導水路として築かれたもので、600年以上にわたって飲料水が運ばれていた。ガルドン川に架かるポン・デュ・ガールは、最上層、中層、最下層の三層からなり、2000年近い歴史を経ても倒れずに遺されてきた。1985年には世界遺産にも登録されている。

タウシュベツ橋梁

（タウシュベツ展望台まで）国道273号をぬかびら源泉郷から旭川方面に約8キロ進んだ地点に駐車帯あり（一般車両は10台分）。そこから林の中の散策路を約200m歩く。展望台から橋梁までの距離は約750m離れている。

「めがね橋」とも呼ばれるタウシュベツ川橋梁。コンクリート製のアーチ橋で、長さは約130mとされる。

ポン・デュ・ガール。水が流れる最上層は石の瓦で覆われていた。

石炭を運ぶのに活躍した美しいアーチ型の橋梁

北海道の十勝《とかち》地方の北部、「日本一広い国立公園」と称される大雪山《だいせつざん》国立公園の東山麓に位置する上士幌町《かみしほろちょう》。ここには古代ローマ時代に築かれたポン・デュ・ガールの意匠によく似た橋梁《きょうりょう》が建っています。それが、「タウシュベツ川橋梁」です。

この橋は、旧国鉄士幌線の鉄道橋として使われていました。士幌線はおもに石炭を輸送するために、帯広《おびひろ》から十勝三股《みつまた》の七八・三キロを結んでいましたが、エネルギーが石炭から石油へと置き換えられたことと、それにともなう沿線の人口減少によって昭和六十二（一九八七）年に廃止となりました。旧士幌線には美しいアーチ型をした橋梁がいくつも架かっていますが、タウシュベツ川に架かるタウシュベツ川橋梁は、人造湖である糠平湖《ぬかびらこ》の水位が上がる六月頃から徐々に湖面に沈みはじめ、八月頃には完全に沈んでしまいます。そのため、タウシュベツ川橋梁は「幻の橋」とも呼ばれて、観光客垂涎《すいぜん》の的《まと》となっているのです。

ところが、氷によって削られたり、平成十五（二〇〇三）年に発生した十勝沖地震などによって崩壊が進み、現在では橋は無残な姿を晒《さら》しており、見られなくなる日も近いのではないかといわれています。

日本の

コルディリェーラの棚田

★▼

浜《はま》野《の》浦《うら》の棚《たな》田《だ》
（佐賀県玄海町）

コルディリェーラの棚田（Rice Terraces of the Cordilleras）

フィリピン・ルソン島北部の山岳地帯に築かれた棚田群。バナウエ周辺のコルディリェーラ山脈の急斜面にへばりつくように築かれた棚田群は、「天国への階段」とも称えられ、棚田の畦《あぜ》をつなぎ合わせると約２万kmにもなるといわれる。棚田をつくったのはこの地に生きるイフガオ族で、その歴史は2000年以上にもなる。首都・マニラからバナウエまではバスで約９時間の距離。

WORLD 日本を含む国内外の団体から支援され、存亡の危機から脱したコルディリェーラの棚田。

浜野浦の棚田

JR「唐津駅」からバスで約40分、「浜野浦」バス停下車、徒歩約5分。

山を切り開き、石を積み
上げてゆっくりと築かれ
てきた浜野浦の棚田。

急斜面の浸食谷に形成された和製「天国への階段」

佐賀県北西部にある玄海町《げんかいちょう》の浜野浦《はまのうら》地区には、海岸から一気に天まで駆け上がる階段に見紛《みまが》うような棚田があります。日本の各地には棚田が数多くありますが、浜野浦の棚田がフィリピンのコルディリエーラの棚田にたとえられることがあるのは、急斜面に築かれたその特徴的な姿に求められます。

浜野浦という地名は、「急斜面になっている海岸」や「入り江にある集落」という意味から付けられたもので、浜野浦川によって形成された浸食谷《しんしょくだに》に脈々と築かれてきたのが「浜野浦の棚田」です。

一一・五ヘクタールの面積を持つこの棚田には大小二八三枚の田んぼが連なり、その田んぼのほとんどでコシヒカリが栽培されています。毎年、春真っ只中《ただなか》の四月中旬から田んぼの水張りがはじまり、五月上旬には田植えが終わります。したがって、海と田んぼの織りなす独特な風景を目にしたい観光客は、この時期に多く訪れます。夕日が刻一刻と水面の色を変えていく頃が、浜野浦の棚田を眺める際の最適な時間。戦国時代から築かれてきたと伝えられるこの棚田から、先人のたどってきた歴史を感じ取ることができるでしょう。

日本の

ナスカの地上絵

「寛《かん》永《えい》通《つう》宝《ほう》」の銭《ぜに》形《がた》砂《すな》絵《え》

（香川県観音寺市）

ナスカの地上絵(The Lines and Geoglyphs of NASCA)

南米の国・ペルー南部のナスカ川とインヘニヨ川に囲まれた、高原のナスカ平原の地表面に描かれた絵や模様の総称。前２世紀から８世紀頃に栄えたナスカ文化の人びとの手によるものとされるが、絵が描かれた目的は現在に至るまで謎とされている。ペルー観光の目玉の一つが、セスナ機の遊覧飛行による絵の見物で、30分コースや１時間半コースなどがある。

琴弾山の山頂展望台から眺めた「寛永通宝」の銭形砂絵。

ナスカの地上絵のなかではもっとも有名なモチーフの一つ、「ハチドリ」。

「寛永通宝」の銭形砂絵

JR「観音寺駅」からタクシーで約3分。

なぜ砂浜に巨大な「寛永通宝」が描かれているのか？

香川県西部、観音寺《かんおんじ》市の市街地から北へ向かったところにある琴弾《ことひき》公園。国の名勝にも指定されている県立公園で、クロマツ林に覆われた琴弾山（標高五八メートル）の山頂には琴弾八幡宮があり、白砂青松《はくしゃせいしょう》の有明浜《ありあけはま》が瀬戸内海を背にしておよそ二キロにわたって続いています。

そして、琴弾公園のもう一つの見どころが「寛永通宝《かんえいつうほう》」の銭形砂絵《ぜにがたすなえ》です。有明浜の砂に描かれたこの砂絵は、東西一二二メートル、南北九〇メートル、周囲三四五メートルの巨大なもので、琴弾山の山頂展望台から眺めるときれいな円形として確認することができます。全国的に見ても珍しい砂絵であることから、「日本のナスカの地上絵」とも呼ばれています。

ただ、「寛永通宝」の銭形砂絵は本家のペルーのものとは異なって、その由来ははっきりしており、寛永十（一六三三）年、高松藩藩主・生駒高俊《いこまたかとし》を迎えるために一夜にしてつくられたと伝えられています。また現在では、この砂絵を目にした人はお金に不自由せず、健康で長生きができるとされ、砂絵を見てから宝くじを買った人が高額を手にしたことから、金運スポットにもなっています。

日本の

ストーンヘンジ

大《おお》湯《ゆ》環状《かんじよう》列《れつ》石《せき》

（秋田県鹿角市）

ストーンヘンジ（Stonehenge）

イギリス南部、ウィルトシャー州ソールズベリー平原にある巨石記念物。太陽崇拝と関わりのある祭祀《さいし》遺跡といわれ、新石器時代から青銅器時代まで何度も築き直されたことで、環状列石が四重になっている。1986年、エーブベリーの巨石遺跡とともに世界遺産（文化）に登録された。観光するにはツアーに参加するのがおすすめで、サンライズツアー、サンセットツアーもある。

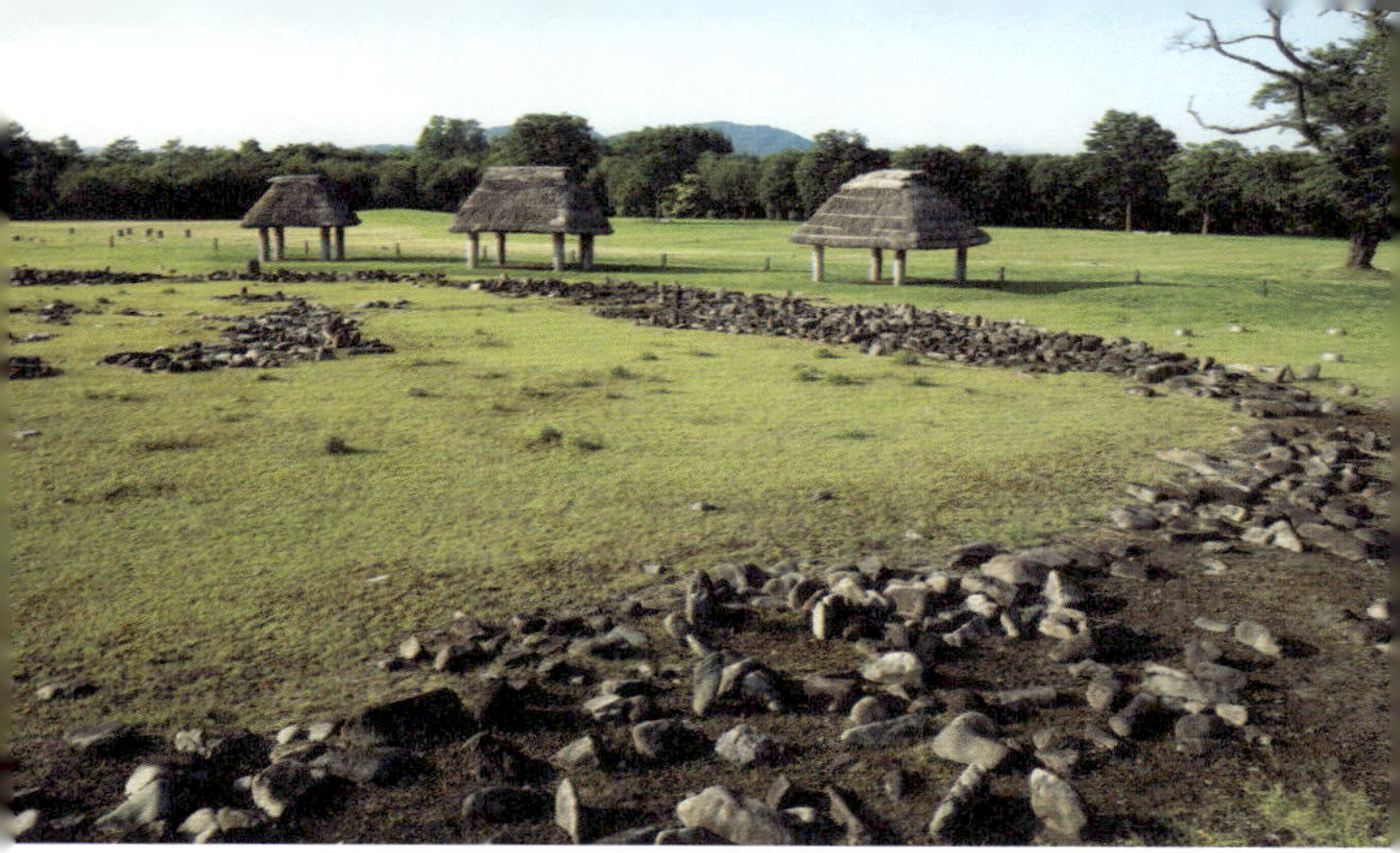

近年はパワースポットとしても注目される大湯環状列石（写真は万座《まんざ》環状列石）。

野中堂《のなかどう》環状列石にあるストーンサークル。日時計として用いられていたという。

大湯環状列石
JR「鹿角花輪駅」からバスで約25分、「環状列石前」バス停下車、徒歩約3分。

万座環状列石に立つ「五本柱建物」。大湯環状列石は集団墓や祭祀のための施設だったと考えられている。

WORLD 一説にはUFOの発着場所という説も唱えられているイギリスのストーンヘンジ。

太陽崇拝との関連性も指摘される環状列石の遺跡

いまでも多くの謎に満ちているイギリスの環状列石《かんじょうれっせき》「ストーンヘンジ」。ロンドンから近いものの、個人で行くにはアクセスがなかなか不便なのですが、そんなときは「日本のストーンヘンジ」と呼ばれる「大湯《おおゆ》環状列石」を訪ねてみてください。大湯環状列石は秋田県鹿角《かづの》市にある、環状列石を主体とする縄文《じょうもん》時代後期（約四千年前）の遺跡で、二百年以上にわたってつくり続けられたといわれています。遺跡の中心は、万座《まんざ》と野中堂《のなかどう》の二つの環状列石で、ともに直径は四〇メートル以上。万座と野中堂、ともに一〇〇基以上の配石からなる巨大な遺構です。

さらに、とても興味深いのは、本家同様、大湯環状列石も太陽崇拝との関連性が指摘されていることで、野中堂の中心から万座の中心を結んだ線は、夏至《げし》の日没の方向と一致しているのです。縄文人も、太陽の動きを意識しながら日々の生活を送っていたと推測することができます。

二つの環状列石のほか、この場所からは、竪穴《たてあな》建物跡、掘立柱《ほったてばしら》建物跡、柱列《ちゅうれつ》、日時計状の組石も発見されました。縄文人の精神文化を読み取ることができる遺跡として、今後も研究が続けられていきます。

日本の

ピラミッド

都《みやこ》塚《づか》古《こ》墳《ふん》
（奈良県明日香村）

ピラミッド(Pyramid)

石やレンガを積んで築かれた四角錐《しかくすい》の建造物。特に有名なのがエジプトの古王国時代の王のもので、カイロ南西のギザにあるクフ王のものが最大（高さ146m、底辺230m)。もっとも古いピラミッドはサッカラのジェセル王の階段ピラミッドともいわれる。日本人の考古学者がギザのピラミッドエリアを案内するツアーや、アブシンベル神殿とともにめぐるツアーなどが人気。

土器、刀子《とうす》（奈良・平安時代初期頃に用いられた小刀《こがたな》）、鉄鏃《てつぞく》（鉄製のやじり）も出土している都塚古墳。

都塚古墳の石室《せきしつ》内部。横穴式の石室で、家型の石棺《せきかん》も収められている。

都塚古墳

近鉄「橿原神宮前駅」からバスで約30分、「石舞台」バス停下車、徒歩約10分。

都塚古墳周辺の風景。明日香村教育委員会や関西大学の調査により、都塚古墳は階段ピラミッドのような外観であることが判明した。

エジプトのサッカラに築かれたジェセル王の階段ピラミッド。もっとも古いピラミッド（前27世紀建造）とも称される。

蘇我稲目の墓？　日本では珍しい「階段ピラミッド」

いま、明日香村《あすかむら》は「都塚古墳《みやこづかこふん》」の発見によって再び注目を浴びています。都塚古墳は、六世紀後半から七世紀初頭に築かれたとされる方墳《ほうふん》（平面図が正方形ないし長方形をしている古墳で、上が平らなもの）で、東西約四一メートル、南北約四二メートル、高さ四・五メートル以上という大型なもの。蘇我《そが》一族の基礎をつくった蘇我稲目《そがのいなめ》の墓ではないかと推測されています。都塚古墳が特徴的なのはその形で、平成二十九（二〇一七）年六月までに、墳丘東側で五段分、南側で三段分の段状石積みが確認されています。つまり、都塚古墳は「階段ピラミッド状」の大型方墳なのです。この形状から、都塚古墳は「日本のピラミッド」と呼ばれるようになりました。また、都塚古墳は内部までも石を積んで築かれたことがわかっています。

都塚古墳を調査している明日香村教育委員会や関西大学によると、この古墳が築かれた当時は、前方後円墳が次第につくられなくなる一方で、定型化した大型方墳がまだ現れていない過渡期にあたるそうです。明日香村教育委員会は「古代中国や朝鮮半島にある積み石塚などの工法を導入しようと模索していたのではないか」と推測しています。

日本の

モアイ

サンメッセ日《にち》南《なん》の「モアイ」

（宮崎県日南市）

モアイ（Moai）

南太平洋、イースター島（チリ中部西岸から約3600キロ西の太平洋上にある火山島）に建つ人面を模した巨大な石像遺跡。島内各地にあり、最大で12mの高さに達するものもある。イースター島へは、チリの首都・サンチャゴからでも国内線で約５時間40分もの距離がある。島内の主要どころを見てまわるには最低でも２泊３日が必要で、もう１泊するとゆっくり観光できる。

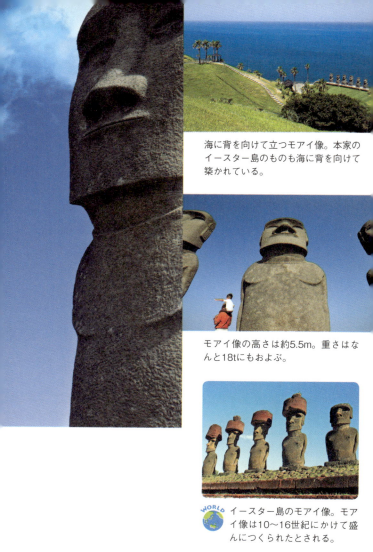

海に背を向けて立つモアイ像。本家のイースター島のものも海に背を向けて築かれている。

モアイ像の高さは約5.5m。重さはなんと18tにもおよぶ。

イースター島のモアイ像。モアイ像は10～16世紀にかけて盛んにつくられたとされる。

日南海岸はモアイを建立するのにふさわしい景観とされた。

サンメッセ日南の「モアイ」

JR「宮崎駅」からバスで約1時間20分、「サンメッセ日南」下車、徒歩すぐ。

本家イースター島のモアイの修復に尽力した日本人たち

いつ、だれが、何のために、どのようにしてアフという石積みの台座の上に築いたのかはいまだに謎とされるイースター島の「モアイ」。モアイは、日本からはるか遠く、南太平洋上の孤島にある不思議な巨像ですが、実は九州にもあります。

その「日本のモアイ」は世界ではじめて完全に復刻された像で、しかも本家・イースター島の長老会の公認も得ている、本家に勝るとも劣らないモアイなのです。

では、なぜ宮崎県日南《にちなん》市の「サンメッセ日南」にモアイが築かれることになったのか？

実はかつて、イースター島のモアイは部族間の長年にわたる争いやチリ大地震（一九六〇年）によって倒壊したままだったのですが、それを修復したのが四国のクレーンメーカー「タダノ」、奈良国立文化財研究所、石工《いしく》の左野《さの》勝司《かつじ》氏（飛鳥建設）の三者で、平成二（一九九〇）年より三年かけて一五体を完全修復。イースター島のモアイはその後、「ラパ・ヌイ国立公園」という世界遺産になりました。

このことにイースター島の長老会は感謝の意を伝える意味で、世界ではじめてモアイを復刻する許可を日本に与え、左野氏の手によって七体のモアイが精魂込めて彫り上げられることになったのでした。

日本の

セブンマイル・ブリッジ

▼

角《つの》島《しま》大《おお》橋《はし》
（山口県下関市）

セブンマイル・ブリッジ（Seven Mile Bridge）

アメリカ・フロリダ州に架けられた全長6.765マイル（10.887km）の橋。フロリダ半島から南西に数千もの島々（フロリダキーズ諸島）が連なるが、アメリカ本土最南端の都市・キーウエストまでは42の橋で繋がれ、セブンマイル・ブリッジもその中の一つ。車窓から眺められるエメラルドの海は絶景と呼ぶにふさわしく、多くの映画やCMで使用されている。

角島大橋を訪れる観光客は、青い海がとりわけ映える夏を好む。

角島大橋

車で下関ICから約1時間10分。JR「特牛駅」からバスで約15分、「ホテル西長門リゾート入口」バス停下車、徒歩3分。

上空から見たセブンマイル・ブリッジ。２本の橋のうち、現在通行できるのは右側の橋のみ。

なぜ角島大橋は海のすぐ上を通る設計になっているのか？

エメラルドグリーンの絶景の海（海士ヶ瀬戸《あまがせと》）の上に架けられた、全長一七八〇メートルの角島大橋《つのしまおおはし》。本土と角島を結び、離島に架かる橋の中で、無料で渡ることができる一般道路としては日本でも指折りの長さを誇ります。大手旅行サイトでは「口コミで選ぶ日本の橋ランキング」で堂々の一位を獲得し、「死ぬまでに行きたい絶景」として世界各地の観光地にも比肩する橋となっています。

なぜ角島大橋が海面にへばりつくような姿をしているのかというと、景観を重視したためです。このことにより、高さが抑えられ、途中に浮かぶ鳩島《はとしま》のそばを通り過ぎる際には緩やかなカーブを描くことになりました。なお、角島大橋の建設における自然景観を優先した取り組みは、平成十五（二〇〇三）年の「土木学会デザイン賞」の受賞となって評価されています。

平成十二（二〇〇〇）年十一月に開通した角島大橋は一般道路ですので、自動車だけではなく、自転車や徒歩でも通行することはできます。ただし、路側帯《ろそくたい》や歩道が設けられているわけではなく、角島に近い部分ではとくに傾斜が急になっていますので、自転車や徒歩で橋を渡る際には車に十分気をつけてください。

日本の

自由の女神

▼

日本一《にほんいち》の自由《じゆう》の女神像《めがみぞう》
（青森県おいらせ町）

自由の女神（Statue of Liberty）

アメリカ、ニューヨーク港内のリバティ島に建つ女神像（像の高さは約46mで、台座を含めると約92m）。アメリカの独立百周年を記念して、フランス民衆の募金をもとに贈呈された（1886年落成）。正式名は「世界を照らす自由（Liberty Enlightening the World）」という。島までは専用のフェリーが通じ、事前予約すれば女神像の冠部分まで登ることができる。

WORLD 本家のニューヨークの自由の女神は、彫刻家フレデリック＝オーギュスト・バルトルディが設計した。

いちょう公園のなかにすっくと建つ「日本一の自由の女神像」。

日本一の自由の女神像

（いちょう公園まで）車で百石下田ICから約7分。青い森鉄道「三沢駅」からおいらせ町民バス（東線）で約50分、「のびのび館」バス停下車、徒歩約10分。

ニューヨーク市と同緯度の町に建つ「自由の女神」

右手にたいまつ、左手に「一七七六年七月四日」と記された独立宣言書を携《たずさ》えた、自由と民主主義の象徴がアメリカ・ニューヨーク市にある「自由《じゆう》の女神《めがみ》」です。世界的に有名なこの女神像、実は青森県内にもあるのです。

それが、同県東部、おいらせ町のいちょう公園に建つ「日本一《にほんいち》の自由の女神像」（高さ二〇・八メートル〈本体一一・五メートル、台座九・三メートル〉）です。

おいらせ町の自由の女神像が建立されたのは平成二（一九九〇）年十二月のことで、旧百石町《ももいしまち》がニューヨーク市と北緯四〇度四〇分で結ばれているという理由から、「ふるさと創生基金」を活用して、本物の四分の一のスケールで築かれました。本家の四分の一の大きさに設定されたのは、北緯四〇度四〇分の「四」にあやかってのことといいます。

旧百石町の町名からとって、この女神像の愛称は「ももちゃん」といい、夜間にはライトアップされて幻想的な姿を見せます。スケールこそ違いますが、リバティ島に建つ本家の女神像と遜色ない光景がそこにはあります。自由の女神に会いたいときは、ニューヨークではなくおいらせ町を訪れてみてはいかがでしょうか。

日本の

エッフェル塔

通天閣《つうてんかく》

（大阪府大阪市）

エッフェル塔(Tour Eiffel)

パリのシャン・ド・マルス広場に築かれた鉄骨塔。高さは約300m（現在は放送用アンテナが付加されて324m）。1889年のパリ万国博覧会のため、構造技術者・エッフェルの設計により建てられた。凱旋門《がいせんもん》、ルーヴル美術館とともにパリの三大観光名所として知られるが、常に混雑しているので、事前のチケット購入がおすすめ。ナポレオンの墓があるアンヴァリッドが近くにある。

「通天閣」という名前の命名者は、高名な儒学者・藤沢南岳《ふじさわなんがく》。昭和60(1985)年になってからはじめて判明した。

通天閣

大阪市営地下鉄「恵美須町駅」から徒歩約5分。JR「新今宮駅」から徒歩約9分。

新世界の街並みと通天閣。地上から展望塔まで、503段の階段がある。

WORLD 「鉄の貴婦人」とも称される本家のエッフェル塔。ルーヴル美術館やノートルダム大聖堂とともにパリ観光の目玉。

大阪市民に愛され続けている新世界のシンボル

大阪市浪速区《なにわ》の歓楽街の中心に建つ「通天閣《つうてんかく》」。「新世界」と通称される賑やかな街のシンボルとして、大阪市民に愛され続けている展望塔です。

通天閣は明治四十五（一九一二）年、パリのエッフェル塔にならって建てられました。創建当時の高さは七五メートルで、大阪市で初となるエレベーターが設置されていました。しかし、第二次世界大戦中に撤去されてしまい、昭和三十一（一九五六）年、地元民の熱意によって再建されました。つまり、現在の通天閣は二代目ということになります（高さは、頂上部の避雷針を含めて一〇八メートル）。

設計は「塔博士」の異名を持つ内藤多仲《ないとうたちゅう》。内藤は高層建築物の耐震構造法を確立した建築家で、二十六歳で早稲田大学の教授に就いた天才でした。塔博士と称されるように、彼が手がけた塔には名古屋テレビ塔や東京タワーなどがあげられます。いわば、通天閣は東京タワーと兄弟の関係といえます。

通天閣の東面には巨大な時計が備わっていますが、この時計は日本屈指の大きな時計で、文字盤の直径は五・五メートル、長針の長さは三・二メートル、そして、針の重さは一本でなんと三〇キロもあります。

日本の

サンティアゴ・デ・コンポステーラの巡礼路

▼

熊《くま》野《の》古《こ》道《どう》

（三重県・奈良県・和歌山県）

サンティアゴ・デ・コンポステーラの巡礼路 (Routes of Santiago de Compostela)

スペイン北西部、ガリシア自治州の州都で、カトリックの聖地でもあるサンティアゴ・デ・コンポステーラへと至る巡礼の道。1993年に世界遺産に登録されたが、その後フランス国内の巡礼路のみで別途登録された。巡礼路はスペインとフランスの両国内に多数張りめぐらされているが、素朴な教会や美しい牧草地を眺めながら歩けるとあって、世界中から観光客が訪れている。

高野山《こうやさん》と熊野をつなぐ、険しい山中を通る小辺路《こへち》の果無《はてなし》集落。

広大な田園風景のなかを通るサンティアゴ・デ・コンポステーラ巡礼道。

全長約600m、高低差約100mの石畳が続く大門坂《だいもんざか》。熊野詣《くまのもうで》で栄えた時代の名残《なごり》をいまに残す。

熊野古道の伊勢路《いせじ》にある丸山千枚田《まるやませんまいだ》。「日本一の棚田景観」とも称される。

熊野古道

(大門坂入口まで)JR「那智駅」からバスで約10分、「大門坂」バス停下車、徒歩すぐ。

神道と仏教が合わさってできた文化が香る参詣道

「熊野古道《くまのこどう》」とは、熊野三山《さんざん》（熊野本宮大社《ほんぐうたいしゃ》、熊野那智《なち》大社、熊野速玉《はやたま》大社）にお参りするための道（参詣道《さんけいみち》）をまとめていったもので、特定の道の名前ではありません。熊野古道には、紀伊《きい》半島にある「中辺路《なかへち》」「小辺路《こへち》」「大辺路《おおへち》」という三つの道のほか、伊勢《いせ》から本宮などへ通じる「伊勢路《いせじ》」、大阪方面から通じる「紀伊路《きいじ》」が含まれ、現在ではハイキングコースとしても多くの人びとを集めています。

熊野古道が「日本のサンティアゴ・デ・コンポステーラの巡礼路」と呼ばれることがあるのは、熊野三山に至るたくさんの道に神道《しんとう》、仏教、修験道《しゅげんどう》がつくった信仰の遺産が点在しているようすが、本家と似ている点にあるでしょう。巡礼路の中でも、大峯奥駈道《おおみねおくがけみち》は千三百年の歴史を誇る修験道の修行の道で、現在でも山伏《やまぶし》が過酷な修行に打ち込んでいます。また、世界遺産に道自体が登録されている例は少なく、熊野古道を主体とした日本の「紀伊山地の霊場と参詣道」と、スペインの「サンティアゴ・デ・コンポステーラの巡礼路：カミーノ・フランセスとスペイン北部の巡礼路群」、フランスの「フランスのサンティアゴ・デ・コンポステーラの巡礼路」など、数か所しかありません。

日本の

シルクロード

★ ▼

浜《はま》街《かい》道《どう》

（東京都八王子市～神奈川県横浜市）

シルクロード(Silk Road)

古代の西洋と中国を結んだ、中央アジアを横断する東西交通路の総称。中国の絹（シルク）がこの道を通って西洋へ運ばれたことから、ドイツの地理学者・リヒトホーフェンが「絹の道」と命名した。2014年、中国、カザフスタンなどに残る30か所以上の関連遺跡が一つのまとまりとして世界遺産に登録された。１週間ほどで西安《せいあん》、敦煌《とんこう》、トルファンなどを回るツアーが人気。

周囲を丘陵に囲まれている鑓水《やりみず》の「絹の道」（八王子市指定史跡）。

浜街道

（絹の道資料館まで）JR「橋本駅」からバスで約15分、「絹の道入口」バス停下車、徒歩約10分。

鑓水の風景。八王子周辺では、かつて養蚕《ようさん》や機織《はたお》りが盛んに行なわれていた。

鑓水の「絹の道資料館」。鑓水の歴史や商人の活躍がわかる写真・資料が展示されている。

中国・敦煌の砂丘と交通路。敦煌周辺の見どころには莫高窟《ばっこうくつ》、鳴沙《めいさ》山《さん》、月《げつ》牙《が》泉《せん》などがある。

莫大な利益をあげる生糸を運んだ八王子・横浜間の道

八王子方面から町田を経て横浜港まで通ずる道を「浜街道《はまかいどう》」といいます。この道では、幕末から明治にかけておもに生糸《きいと》が運ばれたことから、現在では「シルクロード」とも呼び習わされています。

横浜が安政《あんせい》六（一八五九）年六月二日に開港してからひと月ほど経った頃から、生糸貿易が盛んになっていきます。当時、ヨーロッパでは蚕《かいこ》の病気が流行《はや》っており、その代わりになる生糸をアジアに求めていました。そのうちの大部分を輸出していたのは中国だったのですが、中国はアヘン戦争後の混乱を収束しきれずにおり、生糸の輸出が停滞していました。それに代わる存在として注目されたのがいわゆる「鎖国《さこく》」を解《と》いた日本であり、横浜にはたくさんの生糸がいくつもの流通ルートを経て集荷されるようになったのです。

浜街道はその流通ルートの中の一つで、八王子には近郊の甲府や遠くの長野あたりからも生糸が集められて、横浜港まで運ばれました。中でも、八王子の鑓水《やりみず》の商人の隆盛が知られており、彼らの歴史を紐解《ひもと》いた郷土史家・橋本義夫が浜街道を「絹の道」と命名（昭和二十年代）したとされています。

日本の

ロマンチック街道

日本《にほん》ロマンチック街道《かいどう》
（長野県上田市〜栃木県日光市）

ロマンチック街道（Romantische Straße）

ドイツ中部の都市・ヴュルツブルクから南下してアウクスブルクを経由し、オーストリア国境付近の町・フュッセンへと至る道。全長は約360km。沿道にはほかにローテンブルク、ネルトリンゲン、ドナウヴェルトなど、中世の町並みが残る場所が連なり、現地でレンタカーを借りてめぐる旅もおすすめ。ヴュルツブルクでは美味しいフランケンワインが堪能できる。

日本ロマンチック街道
(海野宿まで)車で東部湯の丸ICから約10分。しなの鉄道「田中駅」からタクシーで約5分。

上田市のとなりにある東御《とうみ》市の海野宿《うんのじゅく》。開設は江戸初期の寛永《かんえい》2（1625）年。

万座温泉の観光名物「空吹《からぶき》」。活火山の噴気活動を間近で見ることができる。

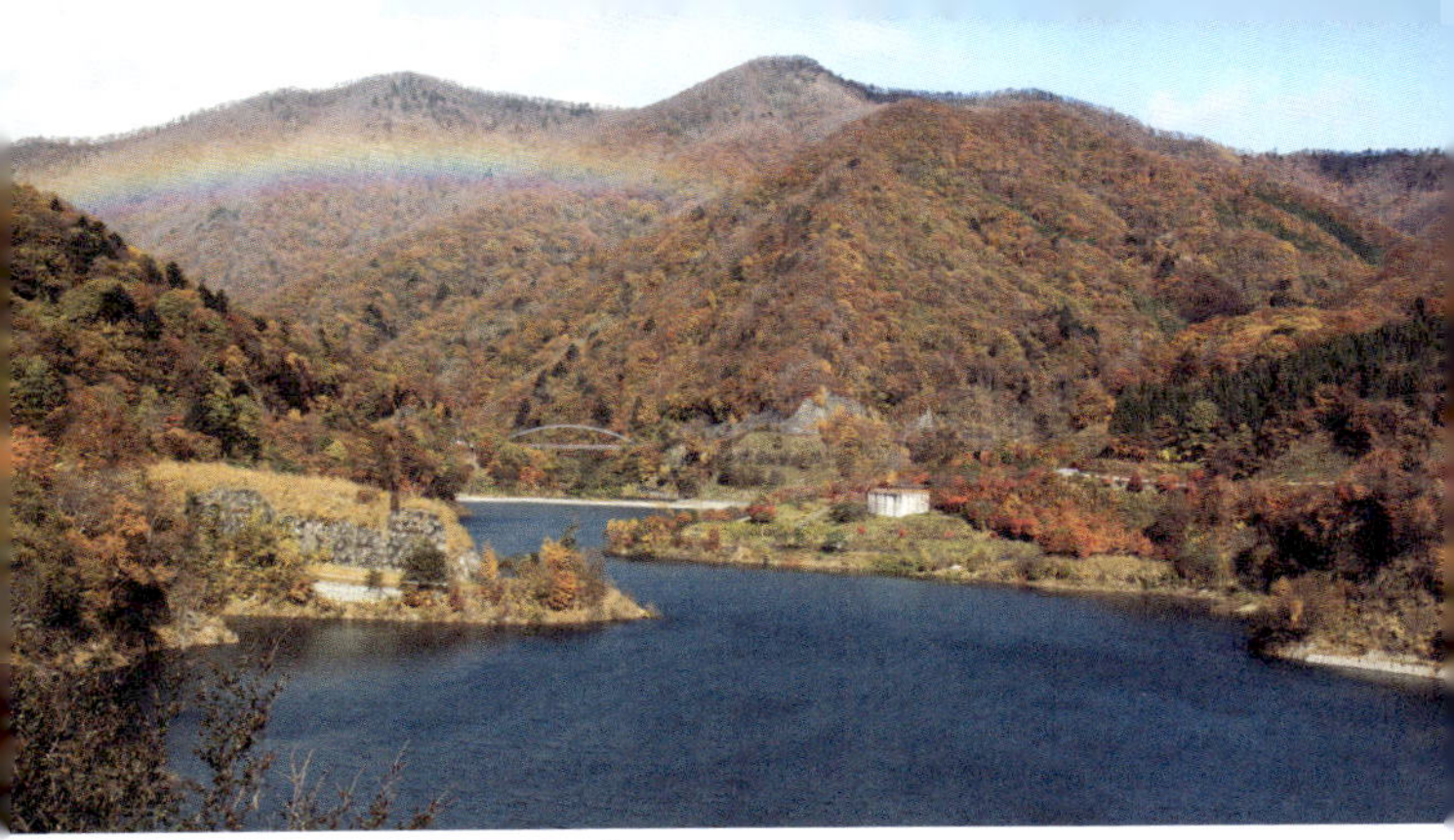

四《し》万《ま》川を四万川ダムによって堰《せ》き止めてできた奥四万湖。光の具合で湖水の色が美しく変化する。

ドイツのアルプ湖とホーエンシュヴァンガウ城（右下）。ロマンチック街道の代表的な観光地としてよく知られる。

本家ドイツに範を取った上田から日光までの街道

「日本《にほん》ロマンチック街道《かいどう》」は、日本においてもっともドイツ的な景観を持ち、長野県上田市から軽井沢町《かるいざわまち》、群馬県草津町、沼田市を経て、栃木県日光市へと至る、全長約三二〇キロの街道です。

この街道が日本ロマンチック街道と称されているのは、ドイツのロマンチック街道に範を取ったことによるものですが、本家では街道筋にドイツ・ロマン派の詩人たちが多く住んだように、日本ロマンチック街道筋にも日本のロマン派の詩人や歌人たちが住んでいました。

街道の風景が似ていることだけではなく、街道が文化を生み出す土壌となったことも、両者の共通点といえます。日本ロマンチック街道協会とドイツロマンチック街道協会が姉妹街道の締結をしたのは昭和六十三（一九八八）年十一月のことで、以来、人的、文化的な交流が続けられています。

日本ロマンチック街道には、上信越高原、尾瀬《おぜ》、日光の各国立公園、海野宿《うんのじゅく》、浅間山《あさまやま》、草津温泉など、四季折々で楽しめるスポットが満載。本家同様、ドライブをしながら訪れてみてください。

日本の

シャンゼリゼ通り

表《おもて》参《さん》道《どう》
（東京都渋谷区・港区）

シャンゼリゼ通り（Avenue des Champs-Élysées）

フランス・パリ中心部のコンコルド広場と凱旋門を結ぶ、長さ約1.9km、幅約70mの並木道。「世界でもっとも美しい大通り」と称され、ルーヴル美術館やエッフェル塔と並んでパリ観光の中心地となっている。凱旋門に近い側にはカフェ、映画館、アーケードが軒《のき》を連ね、華やかな歓楽街となっている一方、コンコルド広場に近い側は緑あふれる並木道となっている。

表参道のイルミネーション。通りには約150本のケヤキがあり、シャンパンゴールドのLEDで飾られる。

表参道

JR「原宿駅」・東京メトロ「明治神宮前駅」から徒歩すぐ。

シャンゼリゼ通りのイルミネーション。何車線にもなる道幅の広さと、道沿いのショップの華やかさが特徴的。

明治神宮とともに歴史をつむいできた流行の発信地

長年、日本の流行を発信し続けている「表参道《おもてさんどう》」は、大正九（一九二〇）年の明《めい》治神宮《じじんぐう》の創建にともない、東南方面の参道として東京市によって整備されました。したがって、表参道という名称を持つものの、明治神宮の管轄ではありません。

全長は、JR原宿駅のそばにある明治神宮の表玄関「南参道広場」から青山通りとの交差点までで一・四キロ。道路の幅は三六・五メートルあり、建設当時から電線は地中化されています。表参道は、夏至《げし》の日の正午に太陽が真上にくるように設計されており、元旦には初日の出が青山通り側からほぼまっすぐに昇ります。なお、明治神宮も太陽の運行と密接な関わりがあり、実は明治神宮は日の出とともに開門し、日の入りに合わせて閉門します。そのため、月によって開門と閉門の時間が異なっているのです（たとえば、六月の開門は午前五時、閉門は午後六時三十分なのに対し、十二月の開門は午前六時四十分、閉門は午後四時）。

ちなみに、表参道は本家と異なり、法規制によって映画館や劇場などの娯楽施設やホテルの建設、深夜以降のバーの営業が認められていません。それは、ここが「明治神宮の表参道」としての歴史をつむいできたからなのでしょう。

日本の

摩天楼

西新宿《にししんじゅく》の高層《こうそう》ビル群《ぐん》

（東京都新宿区）

摩天楼(Skyscraper)

摩天楼《まてんろう》とは、「先端が天にも達するかと思われるほどの高層建築」を意味する建築用語。「摩天閣《まてんかく》」ともいう。超高層ビルが建てられるようになった場所はシカゴが最初で、その後、1920年代から30年代にかけて、ニューヨークにクライスラー・ビル（1930年）、エンパイア・ステート・ビル（1931年）などが築かれるようになり、摩天楼の最盛期を迎えることとなった。

WORLD ニューヨークのマンハッタン。「ニューヨーク」といえばマンハッタンを指すほど、同市・同州の象徴となっている。

西新宿の高層ビル群

(都庁本庁舎まで)JR「新宿駅」(西口)から徒歩約10分。都営地下鉄「都庁前駅」から徒歩すぐ。

西新宿の高層ビル群と富士山（夕景）。ここだけ周辺のビル群と比べてもひときわ高い。

「西新宿をつくった男」が下した、ある命令とは？

西新宿に何棟もの超高層ビルが林立するようすは、ニューヨークの摩天楼《まてんろう》と比べられて、「日本の摩天楼」と呼ばれることがあります（周辺には二〇〇メートル以上の超高層ビルが一〇棟もある）。代表的な建物は東京都庁舎（設計者は丹下健三《たんげけんぞう》）で、高さ二四三メートル、地上四八階、地下三階という第一本庁舎は、完工時にはサンシャイン60を抜き、日本一の高さを誇っていました。

地上二〇二メートル（四五階）にある無料の展望室からは、東京スカイツリー、東京タワーなどが望め、外国人観光客もひっきりなしに訪れます。外国人の中には、濃淡二種類の花崗岩《かこうがん》でできた第一本庁舎の外壁を見てパリのノートルダム大聖堂を思い浮かべる人がおり、超高層ビル群をニューヨークの風景に重ねる人も少なくないといいます。

それもそのはず。西新宿の超高層ビルの先駆《さきが》けとなった京王プラザホテル（開業は一九七一年）の初代社長で「西新宿をつくった男」の異名を持つ実業家・井上定雄は建設にあたり、部下にこのような指示を出したといいます。「新宿にニューヨークのような摩天楼を生み、国際化せよ」。

本表紙図柄＝ロゼッタ・ストーン（大英博物館蔵）
本表紙デザイン＋紋章＝上田晃郷

写真

PIXTA（P2右下、P2左下、P3右上、P3左上、P3右下、P3左下、P6-P7、P10-P11、P14-P15、P15左下、P18上、P18下、P19、P22-P23、P23上、P26上、P26下、P27、P30上、P30下、P31、P34-P35、P35上、P38上、P38下、P39、P39下、P42上、P42下、P43、P46-P47、P50-P51、P54上、P54下、P55、P58-P59、P62-P63、P66、P67上、P67下、P70-P71、P71上、P74上、P74下、P75上、P75下、P78-P79、P82上、P82下、P83上、P83下、P86-P87、P90-P91、P91上、P94上、P94下、P95上、P95下、P98上、P98下、P99上、P102-P103、P103上、P106-P107、P110下、P110-P111、P114-P115、P115上、P118、P119上、P119下、P122右上、P122左上、P123右上、P123左上、P123右下、P123左下、P126-P127、P130、P130上、P130下、P134-P135、P134上、P139下、P142-P143、P142下、P146-P147、P147上、P150-P151、P151下、P154-P155、P154上、P158-P159、P158下、P162上、P162下、P163上、P163下、P166上、P166下、P167上、P167下、P170-P171、P170上、P170中、P170下、P174-P175、P175下、P178-P179、P178上、P182、P183上、P183下、P186-P187、P186上、P186中、P186下、P190上、P190下、P191上、P190下、P194上、P194下、P195上、P195下、P198-P199、P199上、P202-P203、P202上、P206）／shutterstock（P79上、P99下）／三菱地所（P110上、P110中）／NPO法人J-heritage（P138上、P138下、P139上）

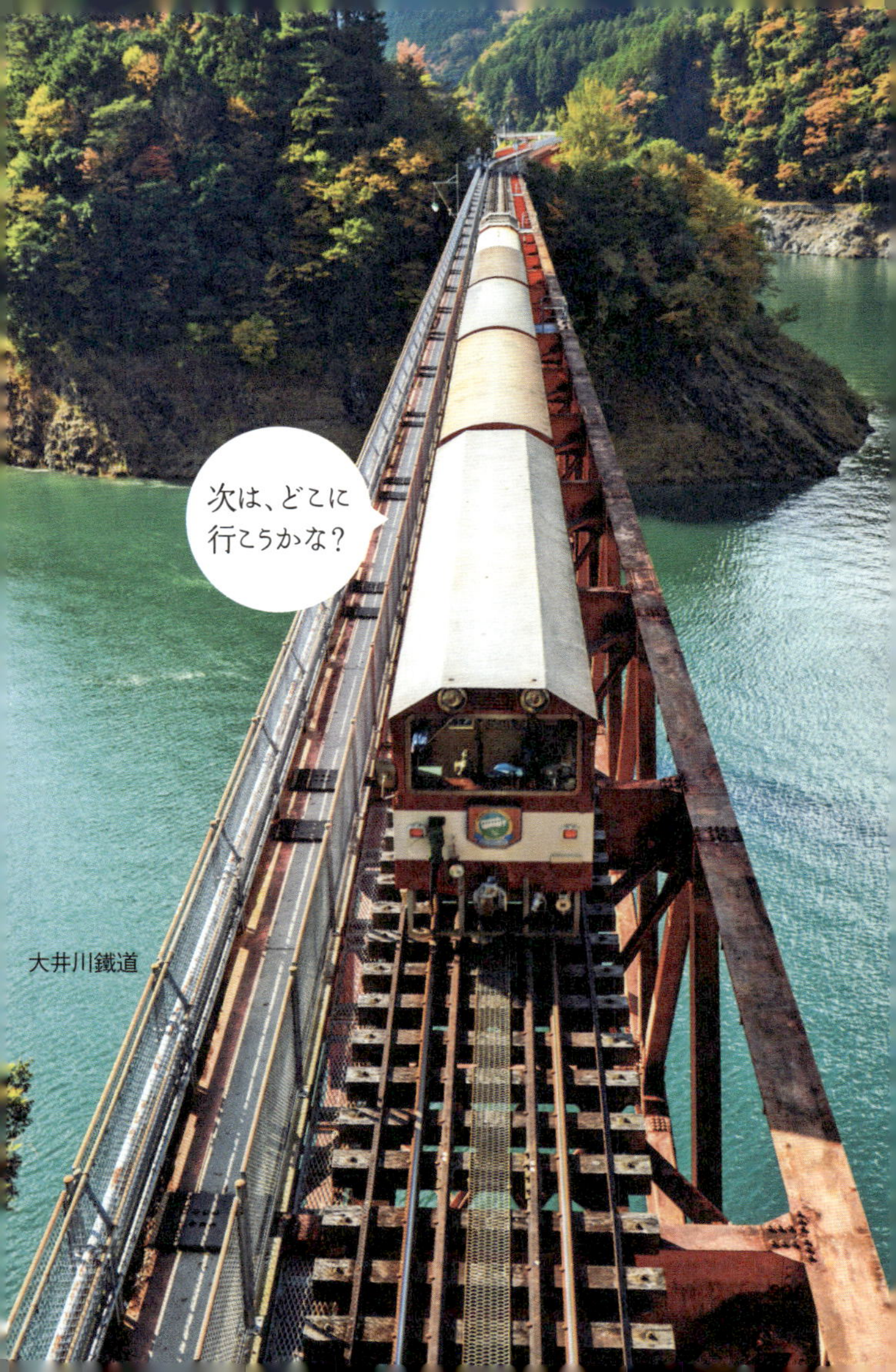

大井川鐵道

著者紹介
日本絶景研究会（にほんぜっけいけんきゅうかい）
日本を含む世界各国の「絶景」を調査、研究するグループ。人気の観光スポットから、知る人ぞ知る穴場、秘境まで、世界各地の絶景おすすめスポットを世の中に発信することを目的としている。

編集協力　木村　潤

本書は、書き下ろし作品です。本書に掲載されているデータは、2018年4月現在のものです。

PHP文庫　日本で楽しむ「世界の絶景」

2018年5月11日　第1版第1刷

著　者　日本絶景研究会
発行者　後藤淳一
発行所　株式会社PHP研究所
東京本部　〒135-8137 江東区豊洲5-6-52
第二制作部文庫課　☎03-3520-9617（編集）
普及部　☎03-3520-9630（販売）
京都本部　〒601-8411 京都市南区西九条北ノ内町11
PHP INTERFACE　https://www.php.co.jp/
組　版　朝日メディアインターナショナル株式会社
印刷所　共同印刷株式会社
製本所　東京美術紙工協業組合

　ISBN978-4-569-76831-1